La Bretagne sans permis

Yvon Le Men

La Bretagne sans permis

Éditions Ouest-France

Mais mourir,
Ce peut être une grande fatigue
Un soir,

Et un aveu.

Guillevic

Il ne faisait pas beau ce jour-là, même s'il ne pleuvait pas dehors, mais sûrement dedans. Dedans nos cœurs. Notre ami, le chanteur Yann-Fañch Kemener, venait de s'éteindre après une longue maladie, comme on dit, en insistant surtout sur le mot long. La même qui emporta ma mère il y a onze ans et ne fut pas si longue, neuf mois, le temps de se préparer à une naissance. Une seconde naissance? Pour Yann-Fañch, la maladie dura un peu plus longtemps, du même coup sa vie aussi, le temps de préparer son futur à notre imparfait.

J'étais chez lui le jour de sa mort, dans sa belle maison colorée de Tréméven, parmi ses proches de tous les âges. Ils l'ont veillé jusqu'à l'extrémité de la souffrance, jusqu'au point ultime de la vie qui s'incarne parfois et malheureusement par la souffrance. Ils l'ont veillé en breton, en français, en mangeant, en buvant, en souriant, en chantant, en pleurant et en jouant. Yann-Fañch ne voulait pas lâcher la main de la vie, la main de ses amis ; de son ami. Ce fut seulement quand Jérôme lui murmura sur un fil de vent et par un fil d'amour, tu peux y aller, tu peux nous quitter, nous t'aimons assez pour que tu ne nous quittes plus jamais, jamais plus, que Yann-Fañch lâcha la main du présent pour aller au pays de tous les temps. C'était un samedi matin. Le printemps en Bretagne commençait à fleurir en jaune et vert.

Approchez, gens curieux, pour entendre, au moment de la séparation,
La pauvre âme lorsqu'elle quitte la maison

Au revoir, mon pauvre corps, au revoir je vous dis,
Le jour du Jugement Dernier, je me trouverai avec vous.

Le jour du Jugement Dernier, avec vous je me trouverai,
Je vous prendrai la main, je vous ramènerai !
[...]

Et le chant poursuit sa route jusqu'à se cogner au ciel, *Le chant de l'âme heureuse*, qui fut dit dans l'église de Sainte-Tréphine. *Et maintenant vous serez couronnée / Avec les saints et les anges de la Trinité.* Ce chant fut écouté et révélé au grand jour par Yann-Fañch et son magnétophone le 4 décembre 1982 dans la maison de Françoise Mehat, agricultrice à Laniscat. Françoise Mehat était âgée de quatre-vingt-quinze ans et aveugle depuis une trentaine d'années quand elle exhuma ce trésor de sa mémoire homérique. Son père était né en

1835, quatre ans avant la première édition du *Barzaz Breiz*. Il avait participé aux batailles de Solférino et de Magenta, sous Napoléon III. Ce chant, Françoise Mehat l'avait appris, à la veillée, dans l'étable où le village se retrouvait pour conter et chanter à la chaleur des bêtes. C'était il y a plus d'un siècle, c'était presque au bord du XIXe siècle, celui de La Villemarqué. L'homme du *Barzaz Breiz* qui, juste à temps, ainsi que Yann-Fañch le fit dans ses *Carnets de route*, sauva de l'oubli *Les Chants populaires de la Bretagne*.

Il ne faisait pas beau le jour de son enterrement. C'est mieux quand le ciel du dehors se confond avec le ciel du dedans. Beaucoup mieux. On se sent en phase avec le temps qu'il fait. Compris par ce qui fait le temps qu'il fait.

J'avais quitté Lannion de bonne heure, avec ma Peugeot 208, légèrement voûtée sur la route. Tout au long du chemin, j'écoutais jusqu'au plus profond de mon corps les chants profonds de Yann-Fañch. Il était là, tellement là dans ma voiture, on aurait dit qu'il allait sortir du CD pour me questionner sur mon voyage, si lent, si long. Je me demande encore aujourd'hui, à l'heure où j'écris ces mots, s'il n'entendait pas mes pensées, comme j'entendais ses chansons.

L'heure est bleue au crépuscule,
Le jour sourit dans votre cœur.
Il n'y a rien d'autre qu'une musique
Qui nous berce dans notre repos.
Le ciel dort sur l'horizon.

La mer danse sur la grève,
Qui emporte avec elle nos rêves,
Qui les emporte à tire-d'aile.

La nuit est bleue sur la mer de Penn-Trez.
Il n'y a rien d'autre que notre musique
Qui nourrit le silence de nos deux cœurs.
La mer est bleue dans la nuit de Penn-Trez

Je ne roulais vraiment pas vite. Je suivais les droites et les courbes à la vitesse de mes rêveries qui étaient, elles aussi, lentes et longues. J'avais quitté la mer et les rochers roses pour aller vers la terre et les rochers gris semés en plein champ.

Je connais le pays de naissance de Yann-Fañch. J'y ai eu de la famille du côté paternel. Ils sont tous morts maintenant. Je me suis promené avec mon ami sur sa terre natale, sa terre pauvre, mais riche de tout l'invisible dont nous avons besoin pour relier la terre au ciel. J'ai vu cet invisible écrit sur les visages de ses voisins qui sans lui seraient restés invisibles, illisibles donc. Des visages avec des mains qu'on dirait des parchemins. Des chemins de vies dures ainsi que le furent celles de ses parents. Son papa, ouvrier agricole qui ne savait pas se défendre, mais savait, comme personne, préparer un fagot ; sa maman, lavandière aux mains rougies et qui chantait si bien. Yann-Fañch est né en chantant. Peut-être chantait-il déjà dans le ventre de sa mère ? Quand il chante – je garde le présent exprès et précieusement – il laisse passer la vie d'avant sa vie et le vent dans sa voix. Le vent qui aujourd'hui longe ma montée vers Sainte-Tréphine par les herbes qui remuent et se parlent dans les champs.

Des choucas me suivent dans le rétroviseur. Ils sont trois, comme dans une histoire que j'ai lue autrefois et dont j'ai oublié la fin, mais pas le parfum. Ils sont noirs sous le ciel moins gris, à cause du noir et de l'herbe à plusieurs verts. Ils me suivent pendant un certain temps. Le temps de revenir à l'imparfait. Je n'arrive pas à poursuivre au présent. Ça ne marche pas. C'est un mensonge. Sauf quand il chante, aujourd'hui, demain et pour toujours. Mais l'imparfait a une vertu, la vertu du conte, il était une fois un ami qui venait de mourir et que nous allions saluer. Nous ? Combien serions-nous, me demandai-je dans la voiture. « Presque deux mille personnes », répondirent en chœur les deux mille personnes.

Je me souvenais de la petite place du bourg, souvent déserte. Cette fois elle serait pleine jusqu'au ras des maisons, au ras des talus. Pour l'instant, il est dix heures et nous sommes quelques-uns qui se cherchent du regard. Les cafetières sont prêtes, le pain pâté, les fleurs, aussi. La petite église peut contenir de deux cents à trois cents personnes. Elle sera vite remplie. Elle débordera, elle se serrera les coudes, elle s'étonnera tout à l'heure de tous ces visages, de toutes ces mains qui se tiendront par la main en saluant le passage du cercueil sous son arche de musique. Un vieil homme dont la maison fait face au cimetière mais dont les jambes sont fatiguées dira : « Je ne peux pas marcher jusqu'à lui mais pour lui je mettrai mon plus beau costume. »

Je suis placé tout près de l'autel et près de Jean-Michel Le Boulanger qui ouvrira la cérémonie avec des paroles si justes que tout le monde voudra les avoir pour lui, pour elle et pour Yann-Fañch, et qui commencent ainsi : « Regarde, Yann-Fañch, ils sont si nombreux réunis aujourd'hui à Sainte-Tréphine ceux qui, saluant ta dépouille, veulent te remercier pour l'œuvre immense que tu as accomplie… Tu as appris des tiens, de ton voisin, Albert Bolloré, et de grands anciens, Françoise Mehat, ton cousin Eugène Grenel, Emmanuel Kerjean, Jean Poder, Jean-Marie Youdec, ou Marcel Guilloux ici présent… Tu as su trouver les chemins de traverse vers un héritage précieux. L'héritage d'un peuple, qui venait de loin, qui avait traversé les siècles. Tu seras un des principaux artisans qui parviendront, peu à peu, à faire connaître ces trésors à la Bretagne… » Puis Jean-Michel rappellera sa vie, ses multiples vies, ses parents pauvres mais riches de bonté, son goût pour la poésie, la musique, les langues, bretonne, bien sûr, *la langue des pauvres gens*, mais française, aussi ; son attention à ses amis, à son ami, si jeune, si fragile, si aimant. Il citera Armand Robin : *Je ne suis pas Breton, Français, Letton, Chinois, Anglais / Je suis à la fois tout cela / Je suis homme universel et général du monde entier.* Puis résonneront les cantiques bretons chantés par Annie Ebrel, Anne Auffret et repris en chœur – Anne la généreuse dont la voix rappelle le voyage de l'eau dans les fougères. Des cantiques, mystérieux pour beaucoup d'entre nous, par où a grandi Yann-Fañch dans sa vie entière. Sa vie ultramoderne, ultra-séculaire, sa vie plus longue que sa vie.

De ma chaise, au moment des saluts, je vois défiler, l'âme tendue dans le corps, toute la Bretagne, toutes les Bretagne. Celle de Névénoé, celle des Tri Yann, de Stivell, de Servat, de Manu, de Denez qui la réveillèrent, celle des paysans et des paysannes aux visages graves comme des statues, celle des jeunes gens à la boucle d'oreille. Puis arriveront du fond du village, du bord des talus, ceux qui n'avaient pas pu entrer dans l'église, faute de place, et qui avaient attendu, immobiles, droits vers le ciel malgré la fatigue, de rendre, chacun à sa manière, un hommage à leur chanteur. Debout, en silence, en prière peut-être, sous une pluie qui, à l'inverse des larmes, se retenait de tomber.

Beaucoup d'entre nous écoutaient une langue que nous comprenions sans comprendre, comme si le vent, le ciel, les nuages, s'étaient mis ensemble pour nous entourer d'un cercle magique, dans une Pentecôte qui indiquerait un futur à notre passé réuni au chevet de la petite église de Sainte-Tréphine et du grand chanteur qui disait de son visage qu'il ressemblait à celui de sainte Tréphine. Ce jour-là, comme cela m'arrive parfois lors d'un enterrement, j'ai dit une page de *Solo*, le poème prière de Xavier Grall qui se termine en bleu.

À présent que les feuilles et les mains
De douce Nature
Me closent les yeux !
Mais Seigneur Dieu
Comme la vie était jolie
En ma Bretagne bleue !

Cinquante années de Bretagnes vives étaient réunies là, depuis les années 1970, les années de renaissance jusqu'à celles d'aujourd'hui où des enfants et leurs parents ont recousu, sans faufil, les langues entre elles, la bretonne, la française, par la musique et le poème.

Ce jour-là, je me suis senti repeint à neuf, seul et avec toute cette foule enceinte de poèmes en vers, en prose, en noires et blanches, en silences. Ils disaient et diront la Bretagne, au-delà des nationalismes qui auraient pu l'étrangler. Ce jour-là, nous comprenions le breton malgré la langue et par ses chants qui sont à nous tous.

« Ce chant naquit un soir d'hiver, on ne sait où, on ne sait quand, à la porte d'une maison où criait un enfant malade. Depuis lors, de siècle en siècle, d'aube en aube, de fatigue en fatigue, l'ont usé des lèvres d'esclave », a écrit Armand Robin, l'enfant du pays, comme en écho à cette journée en bleu, malgré le gris.

Au centre du bout du monde.

Où vivait aussi mon ami Alexis que j'allais retrouver, après la mise en terre, pour nous lancer, avec sa voiture sans permis, sa VSP, dans le second voyage.

2

Deux andouilles à Guémené

Nous sommes à la veille du grand départ. Nous avons décidé de fêter notre voyage dans une crêperie de Guémené, la préférée d'Alexis, qui ne mange pas que des omelettes aux pommes de terre, mais très souvent. C'est ici, à Guémené, répète-t-il à l'infini, que l'on sert les meilleures omelettes de Bretagne, peut-être même de France, sans doute pour conjurer son unique poule qui, et c'est terrible pour les fanatiques de l'omelette, mange ses propres œufs. Il ne s'en est pas débarrassé pour crime de non-rentabilité, car il aime les animaux jusque dans leurs ultimes contradictions.

Nous sommes seuls dans le restaurant. Notre table est recouverte d'une jolie nappe en tissu à carreaux rouge et blanc. Rien que pour la nappe, j'aime cet endroit. Une salle à découvert dont les murs sont les ruines du château de Guémené et rappellent l'histoire tragique qui traversa le pays. La lune est déjà dans le ciel. Sur la table une bouteille nous attend le goulot ouvert. Quand arrive l'omelette nous avons déjà partagé deux verres de rosé, accompagnés de quelques tranches d'andouille de Guémené, évidemment. Si nous avions été à Vire, nous aurions choisi l'andouille de Vire, façon d'aller en profondeur dans le pays, surtout si vous êtes amoureux d'une jeune femme de Normandie. Mais nous sommes à Guémené, il n'y a pas d'autre choix que celui de l'andouille d'ici quand on veut rester vivant à Guémené. Les pommes de terre sont plus que des pommes de terre. Elles sont cultivées par le cuisinier lui-même, au bon sourire et aux larges oreilles, avec beaucoup d'amour et à la main, dans le jardin qui jouxte son foyer. On les dirait préparées pour nous, exclusivement pour nous. Dorées à souhait, avec juste ce qu'il faut de beurre, elles sont parfaites au goût et au toucher de la fourchette. Quant à l'omelette elle est onctueuse, riche, jaune, féminine et légèrement crémeuse, travaillée sur la *bilig*, ainsi qu'une crêpe et piquée de vert. Elle est *l'omelette*.

Nous discutons de tout et surtout de livres. Donne-moi cinq titres, je demande à Alexis. Les cinq que tu préfères, de n'importe quel genre, mais pas dans n'importe quel ordre. D'abord *Terre des hommes*, commence Alexis de sa voix douce, le plus beau texte de Saint-Exupéry dont voici peu de mots mais qui ouvrent sur tant d'autres, ajoute-t-il, sans jamais se forcer, nous forcer : « Ce qui sauve c'est de faire un pas. Encore un pas. C'est toujours le même pas que l'on recommence. » Même en VSP, je demande, à la façon du commissaire San Antonio, dont il lit aussi les aventures avec joie ? Après avoir bu lentement une gorgée de vin, il évoque, lentement aussi, les *Souvenirs d'un entomologiste* de Jean-Henri Fabre. J'ai visité sa maison et son étrange jardin l'été 2018. Je me suis assis à sa vieille table de travail, marquée de ratures en l'imaginant y écrire jour après jour, de sa belle écriture d'instituteur. Son œuvre navigue entre science et poème. On y apprend, on y rêve, comme dans les livres d'Alexis. J'ai adoré la manière dont Fabre s'y est pris pour remettre La Fontaine à sa place à propos de sa fable *La Cigale et la Fourmi*. La fourmi en prend pour son grade. Faut dire que l'écrivain savant est du Sud et que les cigales sont ses copines :

La Fontaine, qui nous charme dans la plupart de ses fables par une exquise finesse d'observation, est ici bien mal inspiré. Il connaît à fond ses premiers sujets, le renard, le loup, le chat, le bouc, le corbeau, le rat, la belette et tant d'autres, dont il nous raconte les faits et gestes avec une délicieuse précision de détails. Ce sont des personnages du pays, des voisins, des commensaux. Leur vie publique et privée se passe sous ses yeux ; mais la cigale est une étrangère là où gambade Jeannot Lapin ; La Fontaine ne l'a jamais entendue, ne l'a jamais vue. Pour lui, la célèbre chanteuse est certainement une sauterelle.

[…]

Qu'il y ait parfois des relations entre la cigale et la fourmi, rien de plus certain ; seulement ces relations sont l'inverse de ce qu'on nous raconte. Elles ne viennent pas de l'initiative de la première, qui n'a jamais besoin du secours d'autrui pour vivre ; elles viennent de la seconde, rapace exploiteuse, accaparant dans ses greniers toute chose comestible. En aucun temps, la cigale ne va crier famine aux portes des fourmilières, promettant loyalement de rendre intérêt et principal ; tout au contraire, c'est la fourmi qui, pressée par la disette, implore la chanteuse. Que dis-je, implore ! Emprunter et rendre n'entre pas dans les mœurs de la pillarde. Elle exploite la cigale, effrontément la dévalise.

[…]

On le voit : la réalité intervertit à fond les rôles imaginés par la fable. Le quémandeur sans délicatesse, ne reculant pas devant le rapt, c'est la fourmi ; l'artisan industrieux, partageant volontiers avec qui souffre, c'est la cigale. Encore un détail, et l'inversion des rôles s'accusera davantage. Après cinq à six semaines de liesse, long espace de temps, la chanteuse tombe du haut de l'arbre, épuisée par la vie. Le soleil dessèche, les pieds des passants écrasent le cadavre. Forban toujours en quête de butin, la fourmi le rencontre. Elle dépèce la riche pièce, la dissèque, la cisaille, la réduit en miettes, qui vont grossir son amas de provisions.

Moi aussi, en tant qu'ancien intermittent du spectacle, je suis du côté de la cigale.

Puis Alexis poursuit avec deux autres livres du même domaine et que je ne connais pas. *L'Almanach d'un comté des sables* d'Aldo Leopold. C'est mieux que *Walden ou la vie dans les bois* de Thoreau, précise Alexis, et, toujours dans l'espace science, *La Morue* de Loïc Josse. Alexis a vécu vingt ans à Saint-Pierre-et-Miquelon. Son grand-père y fut gravier dès l'enfance, une enfance volée, martyrisée par les armateurs. Il sait de quoi il parle, il sait ce qu'il lit. Enfin, l'œuvre qu'il emporterait sur une île déserte, *Le Dictionnaire de la langue française* de Littré, l'homme qui a traduit du grec le grand Hippocrate. Pourquoi le Littré ? C'est lourd à porter quand même…

Il n'a ni le temps ni le silence pour répondre, quand, en écho à ma question, un couple surgit dans la salle, assez bruyamment. Assez violemment. Nous les avions croisés tout à l'heure, déjà ils se parlaient fort, comme si leurs voix devaient affronter une tempête de nord-ouest. On s'était dit, chacun dans son coin, pourvu qu'ils ne viennent pas manger dans le même restaurant que nous.

Pas de chance, ils sont là, notre crêperie étant la seule à ne pas être fermée le dimanche soir. Ils s'installent à deux tables de la nôtre et poursuivent leur conversation comme si nous étions des fantômes. Fantômes, pas tout à fait, car, plus forte encore que les autres, une phrase, tout d'un coup et d'un seul tenant, nous parvient jusqu'aux oreilles, nos quatre oreilles – elles écoutaient à plein régime – avec un gros point d'interrogation, visible de loin : « Vous êtes gays ? » À peine une seconde plus tard, la phrase fut interrompue par une gifle qui résonna tel un coup de fouet sur le dos d'un prisonnier, suivie d'une autre phrase, tout aussi douce, espèce de conne, tu peux pas être polie !

Une autre seconde passe, une autre paire de gifles, mais cette fois féminine, retentit dans le double silence de Guémené et de la nuit, maintenant tombée. L'homme et la femme sont du même calibre. Nous n'attendons pas la suite. « Oui, oui, nous sommes gais », disons-nous, pour infiltrer le drapeau blanc, tous les deux, en chœur, et sans préciser l'orthographe. Nous sommes gais, ce soir, d'être ensemble. Comme si notre phrase répondait pile à la question de la femme, nous nous mettons à en échanger d'autres jusqu'à nous déplacer vers eux, s'asseoir à leur table et écouter leurs vies.

Tous les deux étaient divorcés, tous les deux avaient des enfants à tous les étages, tous les deux n'avaient plus la garde de leurs enfants, tous les deux souffraient de ne plus les voir, tous les deux venaient de se rencontrer, tous les deux voulaient refaire leur vie à la campagne et tous les deux s'engueulaient depuis ce midi car tous les deux n'étaient pas d'accord sur la maison que tous les deux avaient visitée le matin.

Mais tous les deux s'aimaient, main parfois dans la main surtout après avoir éclusé deux bouteilles de vin, sans qu'on les accompagne.

C'est sans doute vrai qu'ils s'aimaient. Mais, peut-être pas autant que nous étions gais.

« Allez Alexis, parle-moi de San-Antonio, lui demandai-je, une fois le couple parti, ça va nous changer, ça va nous remonter le moral. » Il sort de son sac *Messieurs les hommes*, le polar de Frédéric Dard (*alias* donc San-Antonio, Frédéric Charles, Frédéric Antony, Max Beeting, Maxel Beeting, William Blessings, Éliane Charles, Leopold Da Serra, Antonio Giulotti, Verne Goody, Kill Him, Kaput, Cornel Milk, L'Ange Noir, Wel Norton, F. D. Ricard, Sydeney) et qu'il a trouvé dans la boîte à lire de Mellionnec. Les pages sentent le moisi. Le livre a dû faire trois fois le tour du monde avant d'atterrir dans le Centre-Bretagne.

De sa voix toujours aussi douce Alexis lit les premières et les dernières phrases du chef-d'œuvre. L'histoire n'a pas vraiment d'importance. Seule compte, aux yeux de Frédéric Dard, la langue qui, à force de jeux de mots, peut devenir épuisante à l'écoute et surtout à la recherche désespérée d'un sens :

« Au moment où je pousse la lourde du troquet à Fifi les Belles Noix, il se fait un grand silence dans la taule et les truands qui stagnent là me défriment d'un œil extrêmement peu cordial. »

Et, à la toute fin, comme une façon de répondre à l'échange de baffes de tout à l'heure :

« — Sofia, interrogé-je, à ton avis, suis-je un dur ?
Elle glousse :
Sans aucun doute mon chéri… et un vrai. »

Au retour dans sa VSP qui nous mènera demain vers le nord et cette nuit auprès de son chêne cinq fois centenaire, je demande à Alexis, pourquoi Silfiac. C'est ici que je veux être enterré. Les gens sont sympas. J'y suis bien. La lune est montante, sa lumière tombe sur le dos des vaches dans les prairies vallonnées. L'une d'entre elles est si blanche qu'elle en devient nacrée. Elle ne bouge pas, on dirait une statue de légende hindoue. Les arbres sont plus noirs, les nuages plus sombres et le chemin encore plus long. Mais notre lente vitesse va bien avec la lente nuit, comme si nous étions déjà dans un autre monde. Le voyage de demain s'annonce sous les meilleurs auspices.

3

Vaincre Sans Péril

Elle a commencé par se faire insulter la Voiture Sans Permis…

Pétrolette
Chichinette
Cacouette
Tas de boue
Crapaud
Cale à camion
Chatounette
Voiturette
Pot de yaourt à roulettes

et je ne parle pas du conducteur
de la conductrice ou des deux à la fois
putain de bon Dieu de merde de chiotte
de va-te-faire-foutre espèce d'ivrogne
d'abruti
mais t'as vu leurs tronches
c'est pas possible

mais maintenant nous avons
dans la gamme sensation

dans un marché en pleine expansion
et qui coûte bonbon
la City pack
la simplement indispensable
la City sport new
l'urbaine tendance
la City premium
l'élégance ultime
la City GTO
l'esprit sportif
le coupé EVO
racé et raffiné, roulez comme vous voulez
le coupé Premium
so chic
le coupé GTI
sportif qui ne manque pas de tempérament
la Crossline EVO
pour un quotidien pratique et convivial
la Crossover premium new
le style SUV
surélevée de cinquante millimètres
qui vous permet de dominer la route

et tout ça
pour ne pas arriver à dépasser les 60 km/h
sauf en pente mais à 60 %

et enfin
enfin
enfin
la Crossline premium GT
aux quatre places et qui se déplace

jusqu'à
tenez-vous bien
bien bien bien
jusqu'à 87 km/h
mais avec un permis B1

alors une seule question se pose
est-elle encore une voiture sans permis
une VSP
cette Crossline premium GT ?

quant à la nôtre
avec un plein de dix-sept litres
elle nous mènera à l'île de Batz
où l'on va

ce n'est pas de la publicité
mais la vérité

elle ne consomme pas beaucoup de gazole
mais beaucoup de temps
et on en a

notre VSP
qui
à Vaincre Sans Péril
et malgré ce qu'en dit le proverbe
ne triomphe pas sans gloire

comme on le verra

4

Au Cul-de-Poule à Pontivy

Avant d'entamer notre grand voyage, Alexis m'avait proposé de rencontrer son garagiste. Il me parlait de lui comme on parle d'un docteur, docteur en VSP. Le garagiste était un peu jeune pour être docteur, peut-être un étudiant en VSP, me dis-je en rencontrant Aymeric, au beau prénom de chevalier. D'emblée il me fut sympathique, dans sa façon, déjà, de nous offrir un catalogue de catalogues, tous plus rutilants les uns que les autres. Ils donnaient envie d'acheter une VSP, même à un conducteur avec permis et Peugeot 208 encore jeune, quoique légèrement fatiguée.

En pénétrant dans Pontivy, nous étions tombés sur ces trois mots plantés comme des menaces dès l'entrée de la ville, *gendarmerie*, *polyclinique*, *funérarium*. « Ce n'est pas très encourageant, je dis à Alexis. — Ne t'inquiète pas, on n'y va pas, on va au Cul-de-Poule. — C'est quoi ? — C'est le meilleur restaurant de pommes de terre de Pontivy, mais il faut aimer les pommes de terre, bien entendu. — D'accord, et c'est moi qui invite. »

Dès l'abord nous sommes prévenus : *Les pommes de terre contre l'ennui, pensez-y.* Mais lesquelles ? Nous avons le choix entre l'Amandine, la Belle de Fontenay, la Charlotte, la Chérie, la Franceline, la Pompadour, la Ratte, la Roseval, l'Agata, l'Europa, la Monalisa, la Nicola, la Samba, la Bintje (que j'ai toujours eu du mal à prononcer correctement), la Caesar, la Marabel, et la Victoria. Comme si cette profusion ne suffisait pas, d'autres variétés peuvent nous être conseillées, dit encore la publicité. Toutes ces pommes de terre, si joliment nommées, nous sont proposées à la vapeur, à l'eau, en salades, rissolées, sautées, au four – cuites entières avec la peau – en potages, en purées, en frites. Pour nous trois ce sera saucisse-purée, comme chez mémé. La purée est impeccable, la saucisse, aussi.

« Comme peu de gens aiment les VSP, nous, on les aime encore plus », affirme, avec un bon sourire Aymeric, en se resservant en bonne purée. « J'ai commencé par être un mauvais élève. Je n'aimais pas l'école. Un professeur m'a sauvé et j'ai obtenu mon CAP de mécanicien en motoculture. De moteur en moteur, d'aventure en aventure, je me suis retrouvé chef de garage en VSP à Pontivy. Je m'occupe de tout, de la réparation jusqu'à la vente. Il y a toujours eu beaucoup de social dans la VSP, même si aujourd'hui les clients ont un peu changé, il y a plus de jeunes, ceux qui n'ont pas voulu ou pas pu se payer le permis. Ils cherchent des bonnes occasions. Neuves, les VSP coûtent cher, aussi cher que des voitures normales. Le vrai avantage, c'est qu'elles ne consomment pas, faut dire qu'en général elles n'ont pas beaucoup de chemin à parcourir, c'est rare une VSP qui traverse la France en entier, et même la Bretagne, c'est faisable, mais c'est long !

… Et puis il a les inconditionnels, les champions du monde de la suspension de permis, poursuit Aymeric, comme dans un élan, jusqu'à ne plus avoir le droit de conduire, même sans permis, une voiture sans permis. »

Pour confirmer ses paroles, je lui montre un article de *France Bleu Gascogne* que je viens de découvrir dans le cadre de mon enquête sur les VSP.

Aymeric le lit avec beaucoup d'attention et en hochant parfois la tête…

Landes : après l'été, c'est la saison des voitures sans permis

1 152 personnes se sont vu suspendre le permis de conduire depuis le début de l'année dans les Landes. 542 personnes pour l'alcool, 354 pour la vitesse. Et, durant l'été, il y a 20 % de suspensions en plus pour des alcoolémies positives. Après la saison estivale, c'est la saison des voiturettes.

Car il y a un phénomène saisonnier aux suspensions de permis, surtout en ce qui concerne les suspensions de permis liées à l'alcool : la saison des fêtes.

Plus de suspensions de permis pour des alcoolémies positives durant l'été, vous allez dire logique, l'été c'est la saison des ferias, des fêtes de village, des apéros qui se prolongent. Résultat, selon les chiffres de la préfecture des Landes, en moyenne, il y a une augmentation de 20 % des suspensions de permis pour alcool au volant en juillet-août par rapport au reste de l'année. En 2019, 153 personnes ont vu leur permis être suspendu durant ces deux mois de vacances dans les Landes. Ce qui fait en moyenne entre deux et trois permis par jour.

Hugo, 19 ans, lui, a perdu son permis aux fêtes de la Madeleine. Il avait un peu plus d'un gramme d'alcool par litre de sang : « Le vendredi matin, j'ai pris la voiture pour rentrer chez moi et les gendarmes étaient au rond-point des pompiers. Ils m'ont fait souffler et j'étais positif. J'avais dormi un peu dans la voiture, je pensais que j'étais négatif, sauf que c'était trop tôt. » Hugo a donc eu son permis de conduire suspendu. Pour se déplacer, il a emprunté le scooter de son petit frère : « C'est la seule

chose que je peux conduire, ou alors une voiturette. »
Comme souvent, le malheur des uns fait le bonheur des autres. S'il y a une saison pour perdre son permis, il y a donc aussi une saison pour les loueurs de voitures sans permis. Et la pleine saison de la voiture sans permis, c'est maintenant, c'est septembre, c'est la saison des voiturettes. « À partir de septembre et octobre. Ils en ont profité tout l'été et, malheureusement, on recommence la rentrée, sans le permis », confirme Julien, loueur de voiturettes à Dax.
« On est à peu près à 80 % de coups de téléphone en plus », explique le loueur qui reçoit deux à trois appels téléphoniques pour se renseigner sur les voitures sans permis durant l'année. Mais à la rentrée de septembre, il est plutôt à cinq coups de téléphone par jour.
Le loueur de voiturettes travaille depuis trois ans dans son agence. Au début, il a été surpris par la sociologie des personnes qui venaient chercher une voiture sans permis : « Un journaliste, des profs, un proviseur et même un élu », raconte le jeune homme. En fait, beaucoup de cadres et quasiment aucun ouvrier. La raison, c'est sans doute le prix. Louer une voiturette, c'est 600 euros par mois et, souvent, le permis est suspendu pour au moins trois mois.

Et c'est signé : Paul Ferrier.

« Qu'en pensez-vous, je demande à Aymeric, est-ce le même phénomène saisonnier en Bretagne ? » Il hésite, et de fil en aiguille, de dessert en café, nous confie des histoires, à la fois drôles et tragiques. « Oui, louer une VSP, c'est cher ; oui, le vin, la bière et le cidre ont des conséquences ; oui, on a des récidivistes notoires, mais il y a aussi des gens qui préfèrent la VSP à tout autre véhicule. Il y en a même qui achètent des VSP en préventif ! Au cas où ! Et s'il y en avait une avec un volant au milieu, ils se jetteraient dessus. C'est mieux pour conduire en couple, un coup de volant pour l'homme, un autre pour la femme ! Je l'ai déjà entendu. C'est une confrérie. Certains conducteurs, assez nombreux, se retrouvent le soir sur les parkings de Pontivy et ils comparent leurs voitures, celles aux lignes vertes avec celles aux lignes rouges. Leurs VSP se connaissent, se fréquentent, s'attendent, se parlent et sur la route se font des signes, comme les motards. Elles se suivent, font trois fois le tour d'un rond-point juste pour montrer leurs belles bandes de couleur. Certaines sont plus rapides que d'autres, même si leur vitesse a des limites rapidement franchies. Hier les VSP butaient à 100 000 km, aujourd'hui, elles dépassent les 200 000. Il y en a pour une vie entière. Il faut la réviser tous les 5 000. Elles sont en plastique, pèsent à peine 350 kg et se démontent comme un lego...

— Mais on dirait, à vous entendre en parler avec autant d'enthousiasme, que vous avez une VSP...

— Non, non, j'ai une voiture normale. J'en ai même voulu une très grande, très rapide et très belle, mais elle était trop chère. C'était de la folie. Finalement j'en ai acheté une normale, qui fait bien son travail. Tous les soirs je rentre chez mes parents à Bourbriac. En VSP, ce serait épuisant. Tous les soirs j'ai une heure de route sinueuse et souvent pluvieuse en hiver. Au début du garage, je restais passer la nuit à Pontivy. Je ne connaissais personne, c'était très triste et dangereux pour ma santé mentale. J'aime partager, discuter, écouter. Mon rêve serait, moitié VSP, moitié à la ferme avec mon père. Il était jockey. Il a surtout voulu que je ne le sois pas. C'est trop dur, dans un monde très injuste, répétait-il, à chaque fois que je revenais sur la question. D'où le lycée pro et la mécanique. Mais j'ai besoin des animaux. Comme mon père, ma mère. Ils travaillent à côté. La ferme ne suffit pas. J'ai besoin de les retrouver chaque soir, malgré les kilomètres qui nous séparent. J'ai besoin de ma petite sœur à qui j'ai offert pour son anniversaire une VSP. Je l'ai achetée accidentée et pas chère, je l'ai rajeunie et remise à neuf. Elle adore la conduire, elle adore aller au bourg le dimanche matin pour nous acheter du pain et des choux à la crème.

Il nous montre la photo de la VSP. Elle est magnifique, un peu petite, mais magnifique. Elle mérite vraiment d'aller jusqu'à 70 km/h dans les vallées qui traversent le pays de Bourbriac où mon grand-père, lui aussi, avait une ferme.

5

Que sont mes voitures devenues ?

Que sont mes amis devenus
Que j'avais de si près tenus
Et tant aimés
Ils ont été trop clairsemés
Je crois le vent les a ôtés

Rutebeuf

La première
la plus noire
la plus belle
la plus chère à mon cœur

celle qui suit le permis
et la première paye

celle que nous avons retapée
Georges et moi
surtout Georges

il y a longtemps
très longtemps

j'étais son arpette
son *passe-moi la clef de 16*
et le chiffon

j'étais son admirateur
son fan le plus fan
s'il avait été capable de démonter une soupape
par moins quinze au bord de l'Himalaya
je serais capable de changer une roue
au bord du Menez Bré même sous la neige

s'il avait été capable de traverser la moitié de l'Eurasie
avec sa 203
je serais capable de longer les Côtes-du-Nord
avec la mienne

je voulais la même que la sienne
j'aurais sa jumelle qui fait d'un enfant à vélo
un homme en voiture
et d'une bise sur la joue
un baiser sur les lèvres

la 203 que Georges m'aida à remettre en état
jusqu'à lui donner un dernier coup de Miror
sur son nez en forme de lion ou sur son lion en forme
de nez

j'apprenais des mots et encore des mots nouveaux
comme segment et roulement à billes
culasse et joint de culasse
piston et radiateur
accélérateur et clignotants qui clignotaient
comme des ailes de goéland au vent

ces mots que je connaissais mieux que ceux
que l'on travaillait dans son garage pour enfants
des mots qui salissaient les doigts
les mains et jusqu'aux coudes
jusqu'à les aimer
aimer surtout ce que l'on faisait Georges et moi
avec ces mots-là

hop hop en avant n'aie pas peur
me dit-il avant de me baptiser chauffeur
en me tapant sur l'épaule
et sur l'aile avant gauche de ma voiture ressuscitée
comme sur l'encolure d'un cheval à moteur

ressuscitée
mais pas longtemps
pour seulement le temps de faire sur la terre
avec celle dont j'étais le frère
72 km au trot puis au galop

crac boum hue!
fit le poteau EDF
sur le museau du lion de ma Peugeot 203

ma grande sœur fut éjectée
elle ne conduirait plus jamais
même une VSP
pendant de longues années
quant à moi j'attendrais jusqu'au petit matin
où l'on découvrit que je n'avais rien

sinon la peur de ma mère
qui m'engueula jusqu'à minuit
avant de s'inquiéter de ma mort
dont l'avait menacée notre médecin de famille

elle n'arriva pas
mais me sauva de ses cris

on déposa la 203 dans le jardin
ainsi qu'une relique de saint

on lui retira ses deux fauteuils de l'avant
qui devinrent des fauteuils de l'arrière
à défaut d'un salon dans ma maison

la 203 devait durer toute ma vie
m'avait dit mon ami

mais peut-être me sauva-t-elle la vie
pour la suite de ma vie

malgré le proverbe
jamais 2 sans 3

la seconde
une dauphine
se changera en tondeuse à gazon

la troisième
une 403
s'écrasera dans un tas de fumier

la quatrième
une R6
sera coupée en deux par un étranger de passage
dans un tournant où elle attendait sa vidange
près d'un garage alternatif situé dans un tournant

la cinquième finira sa vie contre une bouteille de vin
étoilée et liquidée

par un homme qui me l'avait cachée quand je l'ai embarqué
et nous serions pour toujours enivrés par l'odeur
du vin renversé
si je ne m'en étais pas séparé

la sixième deviendra un sujet de discussion
au tribunal de Lannion

la septième explosera par l'arrière
sur la quatre-voies Brest-Rennes
à laquelle les VSP n'ont pas le droit

on comprend pourquoi

stop
j'arrête de faire les comptes
du décompte
où parfois j'avais tort
parfois pas

c'est pour cela
que j'ai
pour les VSP
une considération respectueuse et distinguée

morale :
que ceux qui n'ont jamais fauté lèvent le pied
et arrêtent de se moquer des VSP
auxquelles ils ont pour l'instant échappé

6

Teuf teuf teuf

Si légère VSP
on n'entend même pas le bruit de sa portière
quand on la ferme

Trois voitures nous collent aux ailes

ça veut doubler
ça piaffe

Depuis une heure
on n'a pas à se plaindre des autres voitures

mais
il suffit d'une seule

Dès la première côte
nous sommes ramenés à notre rang

petit
mais qui tient sa place

La voiture du facteur

elle est
n'est plus

est
n'est plus

etc.
etc.

On épouse la route
surtout dans les virages

comme un vieux couple

Une vache se penche
sur son champ

penché

La route entourée de la présence
présente

des talus

Poème écrit

au maximum de sa lenteur

Des vaches noir et blanc
noires ou blanches

dispersées
mais en ordre
dans la vallée comme sur un tableau

comme si elles s'étaient donné le mot du peintre

Virages sur 900 mètres

mal de terre assuré

Merci au vélo

de se laisser doubler

Conduire en croisant les bras

c'est possible

On ne peut pas rouler
plus haut que son cul

plus vite que ses yeux

Route vide

on se croit seul au monde
si ce n'est le bruit

On voit loin

mais on n'y arrive pas

C'est par le pare-chocs
par les phares
par les ailes

puis le pare-brise
puis le chauffeur qu'on ne voit pas
que le camion nous apparaît dans le rétroviseur

comme dans le film de Spielberg
Duel

7

Doubler un tracteur

Arrêté en septembre pour excès de vitesse en possession de cannabis, un marabout de 47 ans a eu une explication plutôt surréaliste pour justifier ses infractions. Devant le tribunal correctionnel de Perpignan, il a affirmé en début de semaine être « habité par plusieurs personnalités » dont celle du pilote de Formule 1 Michael Schumacher. C'est lui qui l'aurait obligé à *« conduire comme un fou »* ! Les membres du tribunal ont été interloqués, mais cela ne les a pas empêchés de le condamner à huit mois de prison avec sursis.

Ouest-France, le 30 mai 2019

Nous y sommes. Cette fois on va pouvoir doubler quelqu'un. Cette fois on est prêts. Le ciel est bleu, les nuages, les merveilleux nuages sont hauts. On voit loin, très loin, plus loin que le tracteur qu'on veut doubler et qui est encore à mi-descente. C'est un tracteur normal conduit par un homme normal. On l'espère. Certains paysans, parfois, ne veulent pas se faire dépasser, déborder sur la gauche. Alors ils appuient à fond, à droite, sur leur accélérateur. Deux bottes sur la même pédale comme nous le ferons tout à l'heure, à l'heure du combat.

Pour le moment nous sommes dans la préparation de l'événement. Nous sommes dans la joie de ce qui va se passer. Dans l'exaltation de l'à-venir. Nous sommes dans l'attente de Dieu ou de son petit poucet. Nous frisons les 62, espérons les 63, jusqu'à peut-être 64 km/h. Sans doute je me vante, mais ça fait du bien de l'écrire, d'écrire ces chiffres magiques : 64 km/h, 65 km/h. On chante. Alexis en anglais, moi en français. Tous les deux en européen, malgré le Brexit et, de temps en temps, en breton. Pas une *gwerz*, bien sûr, ça nous ralentirait, mais un *plinn*, sinon une gavotte des montagnes que nous pressentons dans le lointain.

Le midi nous avons, croyons-nous, mangé équilibré. Sur le plan du poids, nous sommes moitié-moitié ; assez lourds pour accélérer dans la descente, assez léger pour ne pas trop peser dans les côtes. Nous n'avons bu que de l'eau, histoire de ne pas voir double quand on double. Un petit café pour réveiller les nerfs et hop ! Personne derrière, personne devant, si ce n'est le tracteur. Rouge et haut sur pattes. Plus on s'approche, plus on aperçoit, accrochée au tracteur, une remorque qu'on n'avait pas vraiment remarquée. Simplement pressentie. Un tracteur et une remorque, c'est courant sur les routes de campagne, surtout en période de moissons. Même si cette fois la remorque est vide. Vide, mais longue, très longue.

La remorque nous apparaît, dans son entier, seulement à l'instant où nous envisageons de la doubler. Juste en bas de la descente et aux prémices de la côte, sur le peu de plat qu'il nous reste pour poursuivre notre élan. Celui-ci avait baissé en énergie, avait, en quelque sorte, fait une chute de moral à la découverte de la longueur de la remorque.

Mettez-vous un instant à notre place. Nous sommes, Alexis et moi, derrière ce tracteur depuis, depuis... depuis longtemps, depuis le commencement de l'après-midi. Nous avons été doublés par tout le monde, même les vélos et bien sûr toutes les voitures, de la Twingo à la Mercedes-Benz, de la Panda à la plus vieille deux-chevaux encore en circulation et pilotée par une jeune femme, belle et amoureuse – cela s'est vu à sa conduite.

En nous doublant, elle et son amoureux nous ont fixés du fond de leurs yeux, jusqu'au fond des nôtres. Ils pensaient, j'imagine, des pensées que pensent tous les gens, de gauche, de droite, jeunes, vieux, riches et mêmes pauvres et qui, tous, absolument tous et depuis toujours, doublent des gens comme nous en les dévisageant, au mieux, comme si nous n'étions pas comme eux ; au pire comme si nous étions des extraterrestres qui n'ont rien à faire sur la terre et encore moins sur la route, sur leur route. Je n'écrirai pas ici les pensées en question, histoire de garder le moral avant la conquête de l'Ouest par le sud du tracteur. Doubler un tracteur, c'est dans nos moyens, nom de Dieu. Pardonnez-moi de jurer, mais nous en avons besoin pour accélérer et affronter l'engin.

Au cul de la remorque, nous constatons que celle-ci est encore plus longue que prévu. Nous constatons aussi que le tracteur est plus large qu'espéré. Nous constatons enfin que le tracteur et la remorque sont bien attachés l'une à l'autre et que, par conséquent, leur vitesse est identique. Si on veut doubler le tracteur, il faudra d'abord doubler la remorque. Elle est liée au tracteur comme Alexis à moi.

C'est lui qui conduit maintenant, c'est lui qui n'a pas de permis depuis longtemps, depuis les nuits de sa jeunesse. C'est lui, le spécialiste, le professionnel. C'est à lui que j'ai remis les clefs de ma vie. Pourquoi ? C'est mon ami. Non, ce n'est pas cette question que je pose. Pourquoi n'a-t-il pas de permis ? Est-ce à cause de l'alcool qu'il boirait en cachette, même de lui-même ? Non. C'est pour une raison beaucoup plus étrange dont je vous parlerai à la fin de cette histoire. De plus, ce n'est pas le moment de dénoncer un homme qui a ma vie entre ses mains. Je sais qu'il devine ce que je vais écrire derrière son épaule. C'est lui qui conduit, c'est moi qui tremble et préviens de l'avant, de l'arrière, de tous les côtés à la fois, surtout celui du mort. On peut y aller, vas-y et on y va. Et on n'y va pas. Et on y va et on n'y va pas.

Dans les champs les vaches nous regardent et nous regardent encore avec une lenteur que je dirais *poétique,* ce bel adjectif que l'on met à toutes les sauces, littéraires et cuisinières, cinématographiques et chansonnières. Alors pourquoi pas les vaches ? Elles nous voient, nous revoient qui passons, repassons et trépasserons si ça ne continue pas. Elles finissent par nous connaître, nous reconnaître, nous comprendre. Si elles pouvaient applaudir de leurs sabots, elles le feraient. Pour nous encourager. Allez, allez, meugleraient-elles de leurs voix de vaches qui voudraient sublimer le meuh. En attendant, elles ne disent rien, rien de rien, comme dans la chanson. Nous, en revanche, nous nous parlons, nous crions, nous hurlons, surtout moi. « Allez, allez, vas-y Alexis, on va l'avoir ce putain de conducteur sur son putain de tracteur. » On le devine, on le pressent, on le presse à coups de klaxon, de petit klaxon qui frise la sonnette de bicyclette. On dirait un petit chien, un petit cabot qui aboie en reculant devant un saint-bernard, comme s'il voulait lui passer sur le corps, mais en reculant.

Le tableau de bord est au bord de l'explosion. C'est faisable, en sachant que nous pesons tant, que notre voiture pèse tant, qu'un tracteur pèse tant, que sa remorque pèse tant et que son chauffeur pèse tant et que, si vous multipliez tous ces *tant*, puis les divisez avec la vitesse du vent jointe à la vitesse de digestion du repas de midi, on peut espérer une victoire, la victoire avant le sommet de la côte qui est à…

À combien déjà ? On avait oublié les trois petits points, on avait oublié que la côte est aussi une route, une longue route. Elle n'en finit pas de grimper et de se rétrécir à la vue à cause des arbres qui la bordent. « Vas-y, vas-y Alexis, double, double, je te dis. — Mais on ne voit rien à cause des arbres. — Attention, attention, il y a une bagnole en face, elle va vite, trop vite, freine, freine. » Encore loupé, on est trop lourds, on n'aurait pas dû reprendre du dessert. C'est la faute du cuisinier du Cul-de-poule, les tartes étaient trop bonnes et c'est de ta faute aussi Alexis, t'aurais pas dû en redemander avec un si bon sourire qui donne envie de tartes, surtout aux pommes. À nous deux, avec nos quatre parts, on pèse juste ce qu'il faut de trop pour ne pas réussir à doubler. Le conducteur du tracteur, lui, est plus mince, à force de travailler dans les champs, pas dans les livres. C'est à un kilo près que ça passe ou ça casse, qu'on franchit en tête la ligne de crêtes, qu'on gagne la côte, qu'on gagne la course en tête ! 50, 40, 30, 20 et ainsi de suite jusqu'à risquer les moins 15…

Ce sera pour une autre fois. En attendant, nous nous résignons à retrouver nos amies les vaches qui finissent par s'habituer à nous avoir dans leurs yeux.

8

La prière d'un touriste

Me voici devant Toi, seigneur.
Pourquoi ?
Je ne sais pas très bien. L'église était ouverte… Je suis entré…
J'ai fait le tour… Et puis j'ai pensé à Toi. Toi, Dieu que j'ai peut-être oublié mais qui demeures au plus profond de moi. Je me rappelle que tu m'as créé à ta ressemblance. Et cette marque en moi, elle est toujours présente… même si je n'y pense pas.
Oui, c'est peut-être Toi qui m'as fait un petit signe discret mais amical. Alors que dire ?
Oh ! peut-être rien. Simplement passer quelques instants devant Toi puisque j'ai le temps, je suis touriste. Jésus, Ton Fils, a bien passé plus de trente années de sa vie avec nous. Alors je peux prendre quelques instants.
Oui, réveille en moi ta présence, ton Amour, ta fidélité, ton pardon.
Et puis, j'en profite pour te dire tout ce que j'ai au fond du cœur ; mes joies, mes espérances… mes soucis… mes inquiétudes, mes peines… mes échecs… Oui, je te confie tout ce que je suis, tout ce que je voudrais être.

Je te confie aussi ceux que j'aime… ceux que j'ai beaucoup de mal à aimer… Je te confie le monde : ses grandeurs et ses misères.

Tu vois, Seigneur ! ça fait du bien de prendre un petit moment pour se rencontrer, pour se parler. Au fond, c'est pas si compliqué que ça de parler avec Toi ! Après tout, on est de la même famille : Tu es mon père, je suis ton fils… C'est, je crois, des choses comme ça que nous a dites Jésus : Ton fils premier, ton aimé, notre grand frère.

J'essaierai, même quand je ne serai plus touriste, de recommencer de causer avec Toi.

Seigneur, je te dis « au revoir » parce qu'un touriste, ça ne reste pas longtemps à la même place, sinon, on n'est plus touriste.

Mais, Seigneur, tu peux m'accompagner, marcher avec moi, tu es si discret que personne ne te verra, mais moi, je saurai que tu es toujours avec moi.

Je ne sais pas d'où vient cette prière ni qui a pris la peine de l'écrire sur la première page du cahier posé contre un lourd pupitre de bois à droite de l'autel. On la dirait née d'un cœur qui fait le bilan de sa vie, d'un cœur qui a peut-être perdu ou égaré son permis de vie et se remet en cause, mais gentiment. J'aime bien ce que cette prière nous dit. J'aurais pu l'écrire dans un temps de doute, de questions qui n'attendent pas de réponses, juste une écoute. Dans un temps même de réponses sans questions.

Quand j'entre dans une cathédrale – il y en a sept en Bretagne – dans une église ou dans une chapelle – il y en a à foison et dans tous les coins – je m'interroge. Qui l'a bâtie ? Pourquoi ? Quand ? Pendant combien de temps ? À quel saint, quelle sainte est-elle vouée ? Quelle fut la vie de cet homme qui a écrit dans le cahier de prières ? Pourquoi a-t-il fait grincer la pénombre de cette église ?

Mais d'abord je pénètre à l'intérieur du silence des pierres, puis je cherche quelque chose, à défaut de quelqu'un qui aurait l'œil ouvert, l'oreille creusée. Je compte sur la chance qui pourrait changer, même d'une virgule, le cours d'une journée. Lui donner sa verticale. Ainsi ce touriste qui, en passant par sa prière, passe par le ciel pour retourner sur la terre et poursuivre son voyage.

J'imagine un homme d'un certain âge, mais pas trop vieux, pas trop pressé. Plutôt honnête et même généreux. Nous sommes au printemps, à Pâques, il fait un temps à buissonner, à suivre ses panneaux intérieurs, à se souvenir de cette étrange *chapelle aux mille clochetons* dont on lui a parlé un jour et de la danse macabre, peinte comme si elle avait été peinte hier. Elle résiste sur son mur, se souvient de la Grande Peste de 1347 qui dévasta l'Asie et l'Europe jusqu'à la pointe bretonne. Cette danse macabre remonte au Moyen Âge. Comme l'œuvre du poète François Villon. Elle est la sœur, en images, de ses vers.

La pluie nous a débués et lavés,
Et le soleil desséchés et noircis.
Pies, corbeaux nous ont les yeux cavés,
Et arraché la barbe et les sourcils.
Jamais nul temps nous ne sommes assis
Puis çà, puis là, comme le vent varie,
À son plaisir sans cesser nous charrie,
Plus becquetés d'oiseaux que dés à coudre.

Ne soyez donc de notre confrérie ;
Mais priez Dieu que tous nous veuille absoudre !

« Kernascléden est une commune rurale relativement peu étendue située dans la vallée du Scorff et se rattachant par ses traditions au pays Pourlet », nous dit Wikipédia. « Le bourg est de taille modeste. La commune compte, outre le bourg, une vingtaine d'écarts : Brangolo, Kerchopine, Kerbourg, Manéglau, Canquisquelen, Manério, Porzh Pimpec, Guernebos, La Maison Blanche, Kerven Cleuzio, Kerven er Lann, Kerihuel, Kerlouarny, Kermaria, Kermonac'h. Le cours du Scorff matérialise la limite sud de la commune et la sépare d'Inguiniel. Le bourg est situé à vol d'oiseau à 12,6 km à l'est du Faouët où nous irons, à 10,8 km à l'ouest de Guémené-sur-Scorff (où nous irons) et à 29,3 km au nord de Lorient. »

J'aime beaucoup le nom d'Inguiniel. Il m'évoque l'écrivain anglais Thomas Hardy, l'auteur de *Tess d'Uberville*, dont les poèmes ont un parfum de bruyère et de tristesse…

Je perçus un triste murmure
Et me tins un moment parmi les tombes :
« Pourquoi, mes vieux amis, cette détresse,
N'êtes-vous pas exempts des soucis de ce monde ? »

« Oh, ce n'est pas d'être ici qui nous pèse,
Mais la venue de la seconde mort,
Quand notre souvenir chez les vivants
Sombrera dans l'oubli pour toujours ! »
[…]

« Le climat à Kernascléden est un climat tempéré de type océanique. Les hivers y sont majoritairement doux et assez pluvieux. [...]

Les étés sont doux et peu pluvieux. [...] Sur l'année, Kernascléden reçoit environ 1 230 mm de pluie. [...]

En 2016, la commune comptait 404 habitants.

Une importante colonie de grands rhinolophes a élu domicile dans les combles de l'église de Kernascléden. C'est pour cette raison qu'un musée de la chauve-souris a vu le jour dans le bourg », conclut Wikipédia.

Alexis et moi l'avons visité. La preuve, j'ai, collée sur mon frigidaire, une petite chauve-souris en bois jaune avec des yeux blancs percés de noir et écarquillés. Je l'ai achetée sur le terrain. Elle cohabite avec un joli panda chinois blanc et noir, un tap-tap haïtien vert et rouge et des magnets, dont la *Desnuda* et le *Chien enterré dans le sable* de Francisco Goya.

Entre le musée du Prado à Madrid et le musée de la chauve-souris à Kernascléden, il y a mon goût pour la peinture espagnole et l'intérêt d'Alexis pour tous les animaux de la création, même ceux qui nous effraient dans nos rêves. Il y a notre goût pour la beauté du monde. De tout le monde.

9

Quelle vie ont eue nos grands-parents ?

Ils finissaient usés à quinze ans
Ils finissaient en débutant
Les douze mois s'appelaient décembre
Quelle vie ont eue nos grands-parents

Jacques Brel

J'aime la Bretagne, j'y trouve le sauvage, le primitif. Quand mes sabots résonnent sur ce sol de granit, j'entends le ton sourd, mat et puissant que je cherche en peinture.

Paul Gauguin à Émile Schuffenecker, mars 1888

Au bord de la route

porte ouverte
fenêtres ouvertes
lucarnes ouvertes

maison ouverte fermée sur un mystère

Le musée du Faouët est l'un de ces musées qui sont, ainsi que certaines maisons le sont, des invitations aux histoires des autres, par des paysages, par des gens qui vivent dans ces paysages.

Comme vous et moi, mais autrefois.

Nous sommes invités dans le siècle de nos grands-parents. Les tableaux nous attendent par toutes les couleurs que faisait la lumière dans les yeux des peintres, avec leurs mains.

Les mains du peintre Achille Granchi-Taylor, s'il faut en choisir un. Il est né en 1857. Il est mort en 1921, ses mains ouvertes vers eux, nos yeux ouverts par lui, sur ces *Marins paysans sardiniers*. C'est le titre de la peinture que nous avons choisi de regarder.

On voit, à la droite du tableau et qui ferme ses rêves, un garçon qui ne sera plus jamais un enfant. Sauf, à l'heure de ses petits-enfants, peut-être.

À gauche, son père ou un ami de son père, un frère de son père ou n'importe qui, mais de son village. L'homme ferme ses bras sur lui-même. Et ses yeux en lui-même, comme pour ne pas voir la souffrance de son fils, de son neveu ou de l'enfant de son village qui, hier encore, était un enfant. Demain ne le sera plus.

La mer, le ciel sont comme perdus entre deux couleurs, deux temps. L'aurore. Le crépuscule.

Deux paniers pèsent aux bras de l'enfant et sous ses larmes qu'il retient, comme la voile pèse au vent quand la pluie la retient.

Comment le nommer, désormais, cet enfant ? Et l'homme qui lui ferme ses bras ? Comment nommer ces deux êtres humains, côte à côte et si loin l'un de l'autre ? Sauf, dans nos regards et dans le regard du peintre en ce jour de 1899.

Nous connaissons le nom du peintre, le nom de son tableau. Nous ne connaissons pas le nom de l'enfant ni de l'homme à ses côtés, mais qui n'est pas près de lui, malgré l'image qui les unit.

Achille Granchi-Taylor partageait leurs vies, jusqu'à s'embarquer, jusqu'à s'épuiser comme eux, comme le grand-père d'Alexis, sur les bateaux de l'enfer. Jusqu'à frapper aux portes de celles qui les attendaient. Les espéraient.

Maintenant elles sont veuves ou orphelines. Maintenant elles cherchent du travail. Maintenant elles sont au chômage. *Chômage*, c'est le titre de l'autre peinture d'Achille Granchi-Taylor dont je veux vous parler ici ; la jumelle des *Marins-Paysans sardiniers*. De ma vie, je n'ai jamais vu un tableau se nommer ainsi.

On y voit une petite fille. Elle, non plus, n'est plus une enfant. Elle regarde par la fenêtre d'une pièce, de la seule pièce du tableau et de la maison. Elle regarde par la fenêtre ses pensées, comme si le dehors la consolait du dedans.

Sa mère ? Peut-être ? On ne sait pas. On imagine. On se met à sa place. On entre dans le tableau, à petits pas et très en silence. Sa mère est cachée sous les draps. Se meurt de faim ? Son corps s'en va, veillé par des larmes qui s'empêchent de tomber.

De leur chagrin. De chagrin.

Chômage ! Peint il y a plus d'un siècle, ce mot hurle sur le cadre du tableau et son écho n'en finit pas de nous menacer.

Il y eut d'immenses peintres entre 1857 et 1921. Achille Granchi-Taylor n'en fut sans doute pas. Mais il fut un homme parmi les siens. Avec les siens. Qui les a peints. Les a regardés.

10

Filomena Cadoret racontée par ses chants

Je n'ai entendu cette voix qu'une fois,
mais tant que je vivrai, je l'entendrai.

Anatole Le Braz

Pourquoi ne puis-je comme toi, oiseau merveilleux
M'élever à tire-d'aile très loin de la terre,
Et dans ces azurs légers emplis d'une juste paix
Chanter sans être inquiète de ce que sent mon cœur

Cette voix s'appelle Filomena Cadoret. On dirait de ses vers qu'ils ressemblent à d'anciens chants de Finlande, ceux de la *Kantélétar*, ceux qui furent chantés pendant des siècles autour des multiples lacs qui éclairent la nuit et dans les immenses forêts où l'on se perd, à l'aide du kantélé, la cithare des Finnois.

Nous l'avons rencontrée grâce à la lenteur de notre VSP, de notre Vaincre Sans Péril, qui permet de tout voir, même les arbres, plus nombreux, beaucoup plus nombreux que je ne le craignais en Bretagne. Même les plaques commémoratives dispersées ici et là dans le pays. Avec ma 208, nous les aurions ratées.

Filomena Cadoret, dite Koulmig Arvor, la tourterelle d'Arvor, est née en 1892 à Bonen, près de Rostrenen et morte en 1923, à Bonen, près de Rostrenen. Elle a vécu à peu près le même nombre d'années qu'a vécu la mère de mon père sur la terre, la même terre du Centre-Bretagne et à peu près à la même époque.

Pourquoi sa plaque est-elle dressée à même le sol et près de la chapelle de Bonen que nous avons d'abord frôlée, puis visitée, puis honorée, par un cierge ? Qui est cette jeune femme que l'on ne veut pas oublier ?

Ma main, verte encore une fois, va nous répondre, sous la forme d'un livre que j'ai découvert à la maison de la presse de Rostrenen. En cherchant le journal du jour, je tombai sur ses poèmes de tous les jours, des anciens jours et de toujours, dans cette maison qui est aussi une vraie librairie où s'entassent pêle-mêle des livres qui touchent à toutes les Bretagnes : *Filomena Cadoret, une voix oubliée* de Michel Simon. Le livre est publié par le Centre généalogique et historique du Poher. Sur la couverture on voit une petite maison au toit bleu, une silhouette noire, deux hortensias et deux arbres verts, courbés et enfantins, et qui protègent la maison. Dès les premières pages, on a envie de connaître cette jeune femme dont la vie commença dans la joie et finit dans la douleur, comme les vies de beaucoup de gens en ce temps-là. Car entre 1892 et 1923, il y eut une date maudite : le 28 juillet 1914, le jour du tocsin.

En 1904, à l'âge de douze ans, malgré ses succès scolaires, ses parents mettent Filomena au travail. Mais…

Tous les soirs après souper,
Nous nous rassemblions tous heureux
Près de la chaise en bois de notre grand-mère,
Et, tremblant, nous écoutions
Parler des tours des lutins de la lande.
[…]

En son intimité, l'hiver, combien de soirées agréables
N'avons-nous pas passées chez des amis !
Des contes, des rires et des chants,
Éclos sous l'effet du cidre chaud ;
Il nous semblait
Tressaillir, quand
Se chauffant au coin de la grande cheminée
Un pauvre vieux sur l'escabeau, y entonnait
Des vieilles chansons de Basse-Bretagne !

En 1909 elle reçoit un premier prix de chanson grâce aux airs qu'elle écoutait ici et là, aux mots qu'elle trouvait, là et ici et qu'elle semait dans ses vers :

Dispar : remarquable, sans pareil
Ar spi : l'espoir
Luskellañ : bercer
Ar spern-gwenn : l'aubépine blanche
Tridal : tressaillir
Drant : gai, enjoué
Richanañ : gazouiller
Richan al labousig : le gazouillis de l'oiseau
An dudi : le charme, le délice
Dudius : charmant, intéressant
An draoñiennig : le vallon
Ribl ar wazhig : la berge du ruisseau
Ur feunteunig : une petite fontaine
Un aezhennig : une brume légère
Ar garantez : l'amour

Des mots qui racontent ceci…

Yann aux mille métiers

Je suis Yannig aux mille métiers, misérable et bien connu de tous. J'ai enfin trouvé une maîtresse et je vais souvent la voir. Elle habite chez son père dans un château de paille au coin du bois. Une pipe entre les dents, je lui parle de mes biens : un coq, une poule, une brouette et une vieille charrette, un banc en bois et un banc coffre dans une maison à moitié ruinée, un chat, un chien et une chèvre.

Tu ne trouveras pas mieux. Quant à mes métiers : sonneur de cloches, sacristain, fumeur et buveur de cidre, meunier, sabotier, dévideur, chiffonnier, marchand de bestiaux, juge et gendarme quand ils ne me courent pas après, quand je veux vivre de mes rentes, je mendie mon pain. Marivon, où peux-tu trouver meilleur parti ?

Ou cela…

Complainte d'un exilé

[…]

La fumée noire et malodorante, comme un linceul, me cache le ciel. Je ne verrai plus, hélas, le ciel scintiller au-dessus des vertes prairies. Mes poumons sont brûlés par une brise âcre, l'air que je respire sent la mort… Vents doux de mon pays, vous qui caressez la bruyère et l'ajonc, apportez-moi le parfum du genêt. Et toi, rêve béni ; réconfort du pauvre malade, ramène-moi dans ma vallée sur tes ailes d'or afin que j'entende encore avant de mourir le son strident du biniou, le chant de l'alouette et la cloche du pardon.

[...]

Durant toutes ces années Filomena est couturière. Puis vint la guerre de 1914 :

Il est donc parti ! Plus jamais peut-être
il ne verra le soleil se coucher sur l'horizon qu'il aimait...
Il est parti sans consolation, sans le moindre espoir
[...]
Et, pendant qu'il roule là-bas ses rêves pénibles,
Ici elle se lamente et pleure angoissée
[...]
Jamais, se dit-elle, je le vois,
Tu n'avais troublé mon cœur d'enfant ;
Petite biche insouciante, je ne connaissais en ce monde
Qu'une règle : rêver et chanter !
Le temps est-il venu
où je devrai moi aussi
Cueillir sur l'aubépine blanche les fleurs de l'amour ?
Et je ne pourrai, hélas, égrener leurs doux pétales
Sans écorcher mes mains avec les traîtres épines !

Le 28 novembre 1917, Filomena épouse Joseph Le Vely, son filleul de guerre. Comme elle, il compose des chansons. Puis tous les deux ouvrent un commerce de tissus et habits à Rostrenen.

Joseph meurt de la tuberculose le 7 février 1919.

Le 10 avril 1919 naît leur fille Thérèse.

[…]
Ta maman en deuil, si elle ne sait plus chanter,
Aimerait te composer une chanson des plus tendres,

Une berceuse, une chanson d'amour,
Que chanta pour toi ton papa heureux.
[…]
Dans ton petit berceau blanc, petite Terezaïg,
Insouciante et rassurée, ma petite fille, dors vite.

Mais reste toute petite, car ta mère aimerait
Que tu ne goûtes jamais la soupe aigre de la vie.

Le dimanche 4 mars 1923, à 18 heures, Filomena meurt, elle aussi de la tuberculose, chez ses parents où elle était revenue vivre trois mois auparavant :

S'il avait plu à Dieu, au moins, de me laisser jusqu'à ce que j'aie élevé ma fille !

Douze jours plus tard, leur fille, la petite Terezaïg, décède à son tour.

Tous les trois sont enterrés à Rostrenen.
Mais pas oubliés…

Colombe de l'Armor

À Philomène Cadoret

Toi qui as si bien chanté ton beau pays
Douce Philomène « Colombe de l'Armor »
Ta langue maternelle en douces poésies
Est pour nous, bretonnants, le plus grand des trésors.
Ton langage breton qui charme nos oreilles
C'est ton génie puissant qui coule avec amour
Tantôt nous attendrit, tantôt nous émerveille
Les rires et les pleurs reviennent tour à tour.

Sans jamais se lasser on relit les complaintes
Car tu les as cousues d'un fil de diamant pur
Et les jours passeront, amis, soyez sans crainte
Tes beaux chants immortels vibreront dans l'azur
Apprenant à nos fils la belle et noble chose
À aimer cette terre où dorment nos aïeux
Près de nos fleurs d'ajonc, plus belles que les roses
Au pays où résonne encor la voix de Dieu.

Merci Philomena, mais hélas c'est trop peu
Car je voudrais pour toi, fille du vieux Bonen
Sculpter dans le granit en beau tablier bleu
Ta silhouette aimée avec ta coiffe guen

Oh ! Que chaque breton et fille de Kernez
Lèguent à leurs enfants ton langage divin
Pour qu'ils puissent chanter le soir à la veillée
Le chant de tes minéous *aux merveilleux refrains.*

Frédéric Le Bonhomme

L'un (1911-1994) écrit pour l'autre (1892-1923), ainsi va son chemin la tradition. Jusqu'à la fin des temps.

11

Teuf, teuf, teuf

À un croisement
on croise une pietà

elle nous attend
nous attendra

jusqu'à la fin des larmes

Dans le paysage
on comprend la raison des clochers

Le paysage nous repose
de nos oreilles

Il ne double pas
c'est louche

On est dans un monde
à deux vitesses

ainsi que les VSP

marche avant pour certains
marche arrière pour les autres

Nous sommes autant une menace pour eux
qu'eux pour nous

La VSP induit une confiance dans les autres conducteurs

elle n'a pas le choix

Le bruit
qui s'accélère

donne l'illusion qu'on accélère

Avant de répondre aux questions d'Alexis

je dois reprendre ma respiration
pour faire passer ma voix

la voiture double
et s'éloigne

s'éloigne
s'éloigne
s'éloigne

au-delà de nos yeux

On est assis
comme sur un banc

on attend le train
le train-train

60, 70, 80
inscrits sur le compteur

pourquoi ?

quand on sait
que jamais

on n'ira jusque-là

À 30 km/h
sur les panneaux
et le vent dans le dos

on peut se le permettre
notre excès de vitesse

ensuite
éviter les délits de fuite

Cet homme qui doublait hier
notre voiture sans permis

aujourd'hui
s'est fait retirer son permis

d'avoir doublé en même temps
la ligne jaune et notre voiture sans permis

Comment peut-on faire sauter le permis
à une voiture sans permis ?

Égalité devant la loi

nous aussi
on a le droit d'avoir une amende

Quand Alexis freine
mon ventre sort de ses gonds

Une VSP aux vitres teintées
des enfants dans le coffre cachés ?

Une fable nous remonte aux oreilles
notre fable bien-aimée à nous les VSP
Le lièvre et la tortue

Qui conduit la VSP ?

nous
ou le bruit de la VSP

Pour voir devant
on regarde derrière

dans le rétro
qui nous prévient du devant

Une ligne de vaches broute

à la lisière d'une ligne de fil de fer

On ralentit
on ralentit

on accélère
on accélère

avant de se jeter
pieds au plancher sur la grand-route
par le rond-point

mais là
se demande-t-on
ensemble
tous ensemble

a-t-on le droit d'être là ?

12

Fenêtre avec vue sur la baie de Morlaix

Et je n'ai jamais fait, de voyage en voyage, que tenter de m'alléger, de me dépouiller de tout ce qui nous englue, d'ordinaire, nous bouche le paysage, pour retrouver, prolonger les échos de ces moments d'éternité, quand le monde était jeune, merveilleusement, miraculeusement jeune.

Michel Le Bris

Pour évoquer Michel, je commencerai par une fenêtre, une minuscule fenêtre. Elle donne sur un immense paysage. Je commencerai par un petit enfant. Il donne sur un grand rêve, né d'un immense paysage.

En 1944, l'année de sa naissance à Saint-Samson, dans la baie de Morlaix, la Seconde Guerre mondiale s'achevait. Quinze années plus tard une Bretagne, aussi, allait s'achever, disparaître, parfois par la violence, dans celle du formica, des tracteurs et des touristes, ces gens qui se jetaient exprès dans l'eau, comme il le dit, dans *L'Homme aux semelles de vent*.

La première fois que j'entendis son nom résonner à mes oreilles, j'avais seize ans et nous étions en 1969, dans la queue de comète de mai 1968 où il naquit une seconde fois. Libérez Le Bris et libérez-moi du même coup de ce bahut où j'étais si malheureux. D'accord pour libérer Le Bris ! D'accord pour libérer la liberté ! C'était le temps où la politique flirtait avec l'air du temps, du temps qu'il fait, comme l'avait écrit Armand Robin ; où les gens s'avançaient les uns vers les autres en titubant dans cet air qui prenait dans les cheveux et les âmes. Libérez Le Bris ! Libérez Le Dantec !

Pour l'anecdote, ce slogan, qui fut peint sur de nombreux murs en France, coûta à Michel, malgré un diplôme d'HEC, une carrière que, de toute façon, il n'aurait pas suivie, bien que sans ressources, lorsqu'un éventuel futur patron penché à la fenêtre de son bureau tomba pile sur cette phrase rouge sur fond blanc.

« C'est vous, ce Le Bris ?

— Eh oui… »

Je vois bien Michel glisser sur les trois petits points de sa réponse avec sa voix si douce qui contraste tant avec son énergie.

Et j'imagine la réaction de celui qui ne serait jamais son patron !

Mais en libérant Michel, ils ne savaient pas, ceux qui l'avaient emprisonné pendant huit mois, pour cause de direction du journal gauchiste *La Cause du Peuple*, qu'ils allaient, en même temps, libérer des mondes, et des mondes enfouis dans un homme comme une vague poursuivant une autre vague, avec, tout autour, le vent, le ciel ; le ciel, le vent.

Ils ne savaient pas qu'ils allaient libérer une phrase dont l'écho n'en finirait pas de résonner entre bruits de galets et coups de sabots…

Et nos vaisseaux étaient de pierre et nous étions très bons. On dirait le commencement d'une histoire. On aimerait qu'elle finisse bien. On sait qu'elle finira mal. Et Michel serait le gardien de phare, le gardien du feu de ces histoires. Elles s'entrecroisent, s'entrechoquent, se surveillent, se dédoublent et rêvent l'une de l'autre entre songes et cauchemars. Il veille au grain. Et jette le grain aux autres. Il ensemence nos lectures de ses livres, *L'Homme aux semelles de vent*, *Un hiver en Bretagne*, *Les Flibustiers de la Sonore*, *R. L. Stevenson : Les années bohémiennes*, *Le Journal du romantisme*, *Fragments du Royaume*, *La Beauté du monde*, *Kong*, *Les Rêveurs de confins*, dont les titres, déjà, parcourent l'histoire et la géographie.

Un hiver en Bretagne, deux mots que j'aime et qui, posés côte à côte, main dans la main, donnent à rêver la Bretagne encore plus bleue qu'en été, surtout en février ; deux mots qui se souviennent de l'ancien nom de mon département, *Côtes-du-Nord.* Je l'ai toujours préféré à l'autre. Peut-être parce qu'enfant je dévorais, une pile au fond des draps, les histoires d'Andersen et de Selma Lagerlöf, les romans de Jack London et les contes de Noël de Charles Dickens et qu'à Noël, justement, j'attendais, les yeux au bord des yeux, la blancheur de la neige et le miracle des cadeaux. Parfois il y avait, ensemble, les livres et la neige, la neige pour écrire un livre avec nos pas. Ainsi que nous le raconte Michel dans ces lignes qui suivent, noires sur la page et blanches dans nos yeux.

Le 20 janvier 1494, Pierre de Médicis, fils de Laurent Le Magnifique, seul dans son palais de Florence, s'ennuie à mourir tandis qu'au-dehors tombe la neige à gros flocons. Mais voilà qu'il décide de faire appel à Michel-Ange, déjà célèbre, bien qu'âgé seulement de vingt ans, et qui vient de quitter la Villa Médicis pour s'installer chez son père. Michel-Ange bougonne bien un peu qu'on le dérange en plein travail mais, protecteur oblige, n'en selle pas moins son cheval et court à la Villa, où il trouve Pierre, rêvant devant les jardins blancs, qui lui dit simplement : « Faites-moi un bonhomme de neige. »

Et voilà donc l'homme de l'éternité, qui allait à Carrare choisir lui-même les marbres les plus aptes à traverser le temps, contraint de travailler la plus périssable des matières, et qui invente, sous les regards blasés du prince, la plus belle, peut-être, de ses statues, la moins mortelle, statue rêveuse, flottante dans les lumières de l'Italie, rendue aux vents et aux mirages de la Toscane, inexistante, presque, et nous rêvons déjà comme si, du temps pétrifié dans le marbre aux évanouissements de la neige, du plus durable au plus éphémère, brillaient, infiniment, infiniment fragiles, les fils d'or de l'éternité.

Ne disons-nous pas de certaines neiges qu'elles sont éternelles ? Conjonction de la lumière et du silence, et, peut-être, la seule image de l'éternité inscrite dans notre psychisme, la neige aussi renvoie à notre propre lumière et au silence qui, en nous, demeure : les paroles que nous adresse la neige sont celles-là mêmes de nos enchantements, à la fois les plus singulières et pourtant les plus universellement entendues. Écrivains, voyageurs, ethnologues, géographes ne nous parlent jamais que de leurs neiges – ainsi nous avons tous, je crois, quelque part, nos neiges intérieures.

[…]

Quand tombe la neige, les instituteurs savent bien que les enfants deviennent intenables, émerveillés, presque fous, comme si elle murmurait à chacun d'eux que la vraie vie, par-delà le tic-tac habituel des choses, est dans le fugitif royaume où s'incarnent les rêves, dans le monde immaculé qu'aucune ombre n'habite, vers cette étoile où, dans le silence, indéfiniment, la lumière se renouvelle – ce monde blanc que seuls connaissent les poètes et les enfants. Plus tard, ils grandiront, bien sûr, ils auront tout le temps d'apprendre combien vite fond la neige – mais je plains ceux-là qui ne savent plus entendre, comme l'écho lointain d'un paradis perdu, l'appel, au fond de l'âme, des neiges éternelles...

En 1990, en réaction à un repli sur lui-même du monde littéraire, Michel crée avec quelques amis le festival Étonnants Voyageurs de Saint-Malo. Les gens en sortent, comme les enfants sous leur première neige, les yeux encore plus ouverts, les oreilles encore plus creusées, et des mondes plein la tête. Le vent et la mer n'y étant pas pour rien.

Enfant, il a sauté trois classes pour rattraper le temps perdu. Perdu ? Non. C'est dans cette perte qu'il s'est trouvé quand il s'occupait de sa grand-mère. À l'aide d'une baguette, elle lui enseignait ce qu'elle savait. C'est dans ce temps perdu qu'il a appris à lire, à écrire, à traverser l'ombre des phrases, la lumière de leurs mots, la raison des verbes, le mystère des noms. C'est en voyant sa mère s'acharner au travail qu'il s'acharna hier sur un troisième cycle de philosophie, qu'il s'acharne aujourd'hui à ses pages, qu'il travaille du matin jusqu'au soir à rapporter le monde et, s'il le pouvait, les galaxies, dans sa gueule de chien de chasse à tête de chat.

Quand nous nous rencontrons pour d'autres raisons que la préparation d'Étonnants Voyageurs, à l'occasion d'un premier de l'an par exemple, à peine suis-je assis, que déjà nous évoquons le programme du festival pour la centaine d'années à venir. Il a dans la tête, pourtant pas plus large que la mienne, des kilomètres de projets. Halte, stop, buvons d'abord un verre, lui redis-je, déjà essoufflé par les premiers mètres parcourus d'un bout à l'autre du monde, d'un bout à l'autre des autres. Quand je le quitte le lendemain matin, j'ai juste envie de lire les pages locales de *Ouest-France*, et encore, pas trop vite, histoire de me reposer de nos voyages spatio-temporels.

Il n'arrête jamais. S'endort comme un enfant et se relève comme un héros, comme Atlas qui tenait le globe sur ses épaules. Ses connaissances traversent la cuisine où, avec des mots, il accompagne les parfums du repas que nous prépare sa femme Éliane. Il sait pourquoi les citrouilles sont rouges, jaunes ou orange et pourquoi, après minuit, elles ne sont plus des carrosses. Il sait, en débouchant avec délicatesse un corbières, le nom des quatre points cardinaux qui entourent la vigne et le nombre de gouttes de pluie qui l'arrosent. Il connaît le nom des gagnants des trente derniers tours de France et même, bien qu'il ait un faible pour les gagnants, le prénom des perdants à condition qu'ils entrent eux aussi dans la légende. Son journal préféré n'est pas le *Monde des livres*, mais *L'Équipe* et, quand il regarde un western, il devine si le méchant est bon. Enfin, il connaît, mais un peu, deux ou trois poèmes chinois qui ne pèsent pas plus lourd qu'une ombre sur la lumière d'une page. Où le coincer? Peut-être au Jeu des 1000 euros? Dans quel recoin de ses secrets le traquer pour trouver une page blanche, une journée blanche?

Sans doute dans la façon qu'il a, parfois, de vous écouter avec une immense attention, d'écouter battre votre cœur, de travers.

C'est pour cela que le monde passe par lui pour aller jusqu'à nous. C'est pour cela que nous sommes heureux de travailler avec lui, même si ce n'est pas toujours à notre rythme.

Sa phrase, ses livres galopent sur les plaines de l'Ouest américain, grimpent aux montagnes du Tibet, naviguent sur les cinq océans, suffoquent sous la chaleur du Mali, tendent l'oreille au miaulement du chat, à l'aboiement du chien, au tomber de la neige, au hurlement des voitures en Haïti, à l'écho des prières à Jérusalem, mais n'oublient jamais le ressac de la mer et la musique du vent qui depuis toujours bordent son imaginaire. Dont nous grandissons.

13

Ton absence était là

Je ne suis pas dans la lune
Non, je suis dans l'île
Dans l'il était une fois
Dans l'île de Batz

…

Qu'est-ce qu'il manque aux hommes
Dès qu'ils ont trois pommes
Dès qu'ils ont trois pommes de haut
Il manque un bateau

Pour partir sur l'île
Pour trouver l'idylle
Une image à leur bonheur
Qui soit mieux qu'ailleurs

Chanson de Melaine Favennec

Ainsi que des amers
l'église prévient du rivage

quand le blanc de sa pendule
indique midi pile

Je vous laisse doubler
vous allez plus vite que moi

dit la dame
avec ses pieds

comme si elle était notre VSP
à nous

Petite annonce

les premiers arrivés
seront les premiers servis

à l'inverse des promesses de l'Évangile

Il y a un gros problème de reproduction
chez les bigorneaux

ils ne savent plus à quel genre se vouer

me souffle Alexis
devant la pancarte du restaurant *Le Bigorneau Langoureux*

à cause de la pollution
je demande ?

en me souvenant du *Bigorneau Amoureux*
l'autre restaurant

planté en face de l'île Tristan
à Douarnenez

que de beaux noms
en attendant le problème de leur évolution

Deux vaches

l’une
les yeux indifférents au paysage
mais pas à l’herbe qu’elle mâchonne

l’autre a mis ses lunettes

Des colverts
le cul en l'air

des foulques
le bec dans l'eau

des cygnes
le cou en rond

et des chevaux
qui grignotent l'horizon des champs

la joie de vivre
est ici

Le phare donne sur le nord
sur le temps qu'il fait
s'est fait

depuis 1836

seuls
trois postiers bretons regardent la mer
ou vers la mer

des marguerites
des asters
des amaryllis roses
des corbeilles d'argent
des forsythias
et des pissenlits boivent au soleil

la terre est marron
les murs sont gris
les toits sont noirs
les fenêtres sont bleues
les agapanthes sont éteintes

mais l'un de mes mots s'éclaire en rouge
sous le vent

coquelicot

avant d'être cueilli par un passant
et de mourir

Sur le bateau du retour
le souvenir des cheveux de Chantal
qui flottaient en plus noir
en plus beau

au vent
après sa chimio

un homme caresse le visage de sa femme
qui s'enfouit au fond de sa veste

sous le vent mélangé au son de la cloche
et au souvenir des beaux cheveux de Chantal

Le soir, doucement, tombait sur la Bretagne et sur Paris. À Paris, dans la chambre d'une clinique, une jeune femme attendait, sur son lit de douleur, que l'on vînt la soigner. En Bretagne, j'attendais des nouvelles de la jeune femme. Elle se prénommait Chantal. Elle était photographe, toujours, malgré la maladie. Elle avait regardé la mer et la terre de Bretagne dans les yeux. Je l'avais souvent regardée regarder. On disait, hier, de ses photographies qu'elles ressemblaient à des peintures. On dit, aujourd'hui, de certains paysages qu'ils ressemblent à ses images comme si son regard avait donné le statut de paysage à la géographie.

Ses yeux qui avaient tant vu frappaient désormais contre les murs d'une chambre fermée à la lumière. Ses yeux comptaient sur les miens pour voir.

C'est ainsi que je m'étais mis à fouiller dans les bois, la nuit, pour y traquer des images, des poèmes, des poèmes-images. Rentré chez moi, je les écrivais et le lendemain, les lui racontais.

Il était dix-sept heures, ce jour-là, le jour de la chasse du jour. Nous étions en automne, j'allais suivre ma rivière. Elle scintillait au fond de sa vallée. Avant de s'éteindre, le ciel flamboyait. Je me garai près du pont qui enjambe le Léguer. J'en avais pour une heure dont la moitié dans le noir. Le pèlerinage commençait bien. Prenant le relais du ciel et avant de se dissoudre dans la terre, les feuilles, jaunes comme des dessins d'enfants, éclairaient la marche. Le rose se faufilait dans l'herbe, juste avant que le ciel ne perdît la lune.

Ce soir-là, une mobylette orange appuyée contre un hêtre m'inquiéta. Le conducteur devait être un adolescent, grand, plus grand que moi et, bien évidemment, plus jeune. Donc, en cas de bagarre, plus en forme. Je n'avais pas peur d'affronter la nuit des bois, seul. Mais avec un jeune dedans, ce n'était plus la même aventure ! Si, en plus des chouettes aux hurlements de fantômes, des belettes aux dents effilées comme des lames de rasoir, des loups dont on craint toujours l'haleine, se mêlait la peur de tomber sur un voyou, genre *Orange mécanique*, que faire, me murmurai-je en silence, un silence de zinc. D'autant que la mobylette était très orange. Je n'avais pas d'arme sur moi, à peine un briquet. Le principe de la chasse aux poèmes est de les trouver avec ses sensations, peurs comprises. Même d'enfant, surtout d'enfant.

Ce soir-là, en plus de l'orange mécanique, la lune, donc, était absente et je ne voyais pas mes pieds. Je me guidais grâce aux crissements des feuilles mortes que j'écrasais en marchant et au chant de la rivière que je suivais en l'écoutant. Un pas de travers et je tomberais tout habillé dans l'eau. Soudain, des bruits surgirent du lointain. Je criai, la voix ferme, qui va là ? Aucune réponse claire. Sinon une silhouette qui s'enfuit en courant et qui, d'un coup de tête, s'écrasa contre un arbre. Merde, que j'entendis nettement et des pas de plus en plus nombreux s'échappèrent, comme en volant. J'ai bien fait, me rassurai-je, de brandir ma voix contre la nuit.

J'attendrais quelques jours avant de revenir sous la pleine lune. Jeune, elle m'inquiétait. Depuis la chasse aux images, elle m'éblouissait. Surtout lorsqu'elle est perchée, comme sur une estampe, tout en haut d'un arbre.

C'était il y a longtemps. Depuis ces chasses, Chantal s'est endormie à jamais entre ses quatre planches. Mais toujours ses photographies la réveillent chaque fois qu'on les regarde. Comme le baiser du prince réveilla la Belle au bois dormant au fond de sa nuit.

Et la mer, sur ses images, comme une promesse, luit. Contre sa mise en terre.

Plus grand
plus rond
mais en double

le soleil

on dirait que Monet prépare sa toile
Impression, soleil levant,

par les deux soleils
qui s'alignent
mais de haut en bas

derrière la vitre d'où j'écris
dans cette maison de Roscoff
tel un chasseur qui surveille l'horizon de ses mots

les bateaux boitent entre vase et eau

et là-bas
au loin
toujours

l'île de Batz recouvre Chantal de mes années
sans elle

de ses années sans nous

Ce jour de septembre 1992, serait notre dernière nuit. La dernière nuit que nous passerions ensemble sur la terre en passant par l'île de Batz, comme si la terre tout entière s'était enfermée dans une île. Elle serait l'île au trésor, l'île mystérieuse, celle que cherchaient les moines irlandais du haut Moyen Âge. Celle de l'éternelle jeunesse qui ce soir-là dura six heures.

Ensemble, nous serions, pieds et mains liés, mais seulement jusqu'à minuit où nous fûmes éternellement heureux, mais jusqu'à minuit.

À minuit et une seconde, nos corps se séparèrent, comme d'un commun accord et chacun retourna, mais avec l'autre à jamais, dans son pays. Nous savions l'un et l'autre que jamais, plus jamais nous nous retrouverions aussi près l'un de l'autre, aussi profondément l'un dans l'autre, sinon par nos deux âmes.

C'est l'une des deux qui écrit aujourd'hui à l'autre, par l'autre.

Le repos éternel
dure combien de jours
combien de nuits

jusqu'à quand
jusqu'où ?

14

Une enfance à l'île de Batz

Tout à coup son enfance est à côté de lui
comme un petit chien
et la vieille envie de pleurer à cause
des questions sans réponse

Bernard Noël

Il fait jour, mais elle me parle en noir et en gris. Du noir et du gris, les deux couleurs de son enfance sur l'île de Batz entourée de bleu et de blanc, parfois, quand il neigeait en ce temps-là.

En ce temps-là, comme disait l'Évangile, elle était pensionnaire à l'école des sœurs, avec sa petite sœur, en ce temps-là. Si long, si large, si haut, si bas.

Longs, les jours et les nuits qui n'en finissaient pas de ne pas finir. Large, le silence et encore le silence, plus large que le désert dans le désert, que la neige sur la neige. On marche. On n'y arrive pas, même en volant haut dans le ciel, en creusant bas sous la terre.

Marcher d'une seconde vers l'autre, d'une heure vers l'autre, d'une journée vers l'autre, d'une semaine vers l'autre, d'une année vers l'autre et pendant huit années, parmi les premières années de l'enfance, où le temps durait si longtemps au large des yeux qui regardent au large et espèrent quelque chose. Quelqu'un.

« Il viendrait me prendre par la main, juste pour changer de lendemain. Une sensation de faim, pas de poisson je me souviens, malgré la mer autour de l'île où nous vivions sans vivre. Des nouilles, de la bouillie d'avoine et encore des pommes de terre, et parfois des fessées au torchon trempé en guise de punition. Mais pourquoi punir un enfant qui n'a pas le droit d'être un enfant ? »

« Ma petite sœur, elle, était une boule de joie, mais toujours près de moi qui la protégeais. Elle avait trois ans, j'en avais cinq, mais cinq ans que jamais je n'ai eus. Mon père nous avait oubliées, ma mère nous avait laissées là, sauf sept jours par an. Je n'avais pas de ressentiments, pas même de sentiments. Pas de colère, mais beaucoup de larmes à remplir la mer. Elles ne sont pas encore tombées. Pas toutes. »

« On nous appelait les petites filles des sœurs. On trouve des histoires de vies ainsi dans les romans irlandais, norvégiens, russes ou polonais. Dans les romans de presque tous les terriens. L'une pleure, l'autre pas, l'une est préférée, l'autre transparente, allez savoir pourquoi ? Pas de colis, pas de lettres, pas de cadeaux à Noël. Peut-être une orange, je ne m'en souviens pas, malgré la couleur orange de l'orange qui aurait brillé dans le noir. »

« Rien, rien, rien. Du vide dans le vide du vide. Dehors et dedans, du pareil au même, comme si nous vivions dans un autre monde, dans un autre temps que la vie des enfants dont nous lirions les vies dans les romans. Notre mère était à l'infini de nous, qui jamais ne venait nous réparer sur ses genoux. »

Dans un autre poème, j'essaierai de la comprendre. Pas dans celui-ci. Même si sa mère a souffert, elle aussi. Ce poème est pour toi, petite fille, pour te protéger, avec mes mots contre les maux sans mots que tu as vécus, pendant les heures et les heures où tu attendais un signe du continent, scrutant l'arrivée des bateaux sur le perron de la pension, comme un guetteur attend l'aurore, la fin de la fin de ces journées sans fin.

« J'étais pour ma petite sœur, sa sécurité. Mais qui était pour moi, ma sécurité ? Un peu le cœur d'une sœur, d'une bonne sœur, d'une sœur bonne, alors. Un peu d'or dans cette île partagée entre le nord pauvre et le sud riche, le nord des paysans, le sud des marins ; un peu de chaleur quand nous portions nos vieux vêtements, nos armures de laines contre l'hiver. »

« À la mort de ma mère je me suis demandé d'où venait ma vie. Qui, quoi, alors m'avait permis la vie ? Sans doute un peu de tout, sauvé par-ci par-là. Même là-bas, sur l'île ? J'étais la première à l'école. Voilà. Et puis, je voulais toujours tout le temps rendre service à quelqu'un qui serait content, me dirait merci de temps en temps. »

« Sur l'île, ma petite sœur avait un parrain. Moi ? Non. Il nous emmenait voir son bateau, sur la plage des sœurs. Il était aveugle. Avec la bonne sœur, la sœur bonne, qui faisait l'infirmière au bout de l'île, on allait surveiller le dragon au bord du trou au serpent. On avait peur, mais on y croyait plus qu'aux parents. On racontait des choses affreuses là-bas. Comme en Irlande, ce pays qui nous a fait rêver, mais fut aussi un pays triste à crever. »

« Aujourd'hui mon île a retrouvé un peu de paix, depuis mon continent à moi. Autrefois Roscoff était loin, si loin de l'île, malgré, seulement la demi-heure qui nous séparait. Une demi-heure immense. Nous étions prisonnières, on nous avait mises là, et, comme les sœurs, jamais nous ne nous quittions, jamais nous ne quittions l'île, sauf une semaine par an. Pourtant, pas une seule fois, j'ai tenté de m'échapper. »

« Je n'ai aucun souvenir de beauté, dans ce lieu hanté, abandonné. Ma petite sœur jouait au sud ; moi, au nord. La nuit, j'étais somnambule. C'était bien là-bas, au pays des toits où il y aurait peut-être quelqu'un, là-haut à défaut d'en bas. Il y avait entre ma mère et moi, entre Batz et Roscoff, entre l'île et le continent, autant de distance qu'entre la terre et la terre promise ; un infini presque infranchissable, une terreur vaste comme la mer, comme le ciel, comme la peur, mais qui me donnait des ailes, la nuit sur les toits. »

« Que reste-il de tout cela ? Deux couleurs, le noir, le gris. Un son, la cloche. Une date, ma communion solennelle, mais sans cadeau. Un cours d'américain, des sabots, un pantalon de laine, une robe de laine, un pull en laine, une coupe au bol, la faim, le froid, des bonbons colorés achetés avec des sous, peut-être pas à nous, mais payés cher avec la peur du réveil du dragon au nord et d'être un enfant sans dates, sans espace, sans espoir, sans Pâques, sans Noël, sans rien que l'envie de rien, de plus que rien, pour le tout. Mais le tout de quoi ? »

« Peut-être qu'un jour, une nuit, une fois, comme dans les contes d'autrefois, peut-être serai-je, au moins un instant, une enfant ? Mais, je ne serai plus, jamais plus, une île dans une île, séparée de moi par moi. Ce moi d'autrefois où il ne fut pas une fois, pas une seule fois, il était une fois. »

15

Teuf teuf teuf

Retour à la maison

ou

l'effet Robinson

La suspension

oui
non

oui
non

oui
non

Pied au plancher
mais
vitesse contredite dès la première côte

La Penzé circule

plate
et grise

parmi la vase et les herbes

jusqu'à l'arrivée de la Penzé
à Penzé

Pire que nous

les vélos du dimanche

À 35 km/h
on peut voir
qui tirent vers le noir
les mûres sur les ronciers

Un champ de citrouilles

l'orange va bien
au vert de l'herbe

À Locmiquel

une route passe en tunnel sous les arbres
longe un cours d'eau

qui hésite entre rivière
et ruisseau

au loin
comme un but

le ciel

On croise un pré à faire l'amour
de haut en bas
de juin à septembre

comme dans une chambre

J'écris en silhouettes

On accélère
mon envie de vomir aussi

avec dans l'estomac
le souvenir du Picon-bière d'hier soir
du planteur du rosé de l'alcool de riz

de la femme nue
qui disparut au fond du bol avant la fin du bol

je la connaissais
dit Alexis

trop tard
elle s'est évanouie dans son mirage de porcelaine

C'est limité à 60 km/h
elle est à deux doigts d'être normale
notre VSP

surtout dans les descentes

pour une fois
nous sommes à l'équerre
avec les panneaux routiers

mais ça ne dure pas

Celui qui ne conduit pas
ne conduit vraiment pas

il est pieds et poings et liés
à l'autre

à son indifférence aux va-et-vient
des bosses et des creux dans mon ventre

c'est la conquête de l'Ouest par le bas

À 50 km/h
on se prépare à décoller

sans suite

À la queue leu leu
derrière

ils attendent

d'être à la queue leu leu
devant

Il faut plus d'un tour dans ses bras
pour faire demi-tour

en VSP

Nous ne vous remercions pas

pourquoi ?

vous nous avez mis à la place la plus nulle de la crêperie
alors qu'on a réservé depuis ce matin

vous voulez du cidre brut
ou doux ?

demande
imperturbable
la jeune serveuse

DOUX !

Je mangerai avec la dame
dit l'homme tout seul avec ses trois chiens
si elle vient

mais elle ne vient pas tous les jours

on verra

90 km/h
rappel

on le sait
pas la peine d'en rajouter

Nous montons à l'assaut
de l'antenne de Trédudon

elle sauta
autrefois
et nous priva de télévision pendant des mois

nous donna en échange
des veillées jusqu'au bout de la nuit
jusqu'au début du jour

en veux-tu
et voilà

De l'autre côté de l'antenne
le lac de Brennilis s'étire dans le paysage
la centrale atomique menace le pays

mais La Feuillée est le plus haut village de Bretagne
c'est écrit à l'entrée du village

et ça tend nos rêves vers le ciel

Des faucons migrateurs tournent autour de notre VSP
qui grimpe à 361 mètres d'altitude

comme la bruyère
comme les roches

comme les légendes

16

Le poète qui habitait son nom

[...]
De votre terre j'ai tout aimé
Les mers et les saisons
Et les hommes étranges
Meilleurs que leurs idées
Et comme la haine est difficile
[...]

Il suffit de quelques vers pour faire un poète. On en rencontre beaucoup dans l'œuvre de Xavier Grall, peu m'ont autant frappé que ces cinq-là.

Penché au-dessus de ses épaules, je les lis comme si je lisais la lettre d'un ami écrite un jour de paix. Dans chaque nom, chaque adjectif, je trouve un espace où respirer. Grâce au verbe aimer, ces mots deviennent une histoire. Notre histoire.

Nous nous étions rencontrés sept ans auparavant. Par notre milieu social, nos idées, nous étions éloignés l'un de l'autre. Son père était patron d'une tannerie, j'étais fils de cantonnier. Il était catholique, je venais à peine de quitter les mouvements maoïstes. Je chantais *L'Internationale*, il était nationaliste. Mais jusqu'à quel point ? Il est mort avant les dérives assassines de l'ETA, avant les guerres balkaniques qui ont fait monter le chiffre des morts jusque dans les chambres des époux. Au nom de chacun chez soi. Et pourtant…

Dès la première rencontre, notre amitié fut évidente. C'était par une belle après-midi de l'été 1975. Il m'avait invité à boire une bière. Françoise, sa femme, était absente et Bossulan, leur maison, malgré les cinq filles, était orpheline. Il portait les cheveux noirs et longs comme un jeune de l'époque. Mais son visage était celui d'un vieil Indien. Ses rides étaient profondes ; ses joues, creuses à n'en plus finir. Dans l'ombre de la pièce, ses yeux noirs semblaient briller comme du fond d'un puits d'où se refléterait un autre monde. J'étais fasciné et, peut-être me suis-je demandé ce jour-là, si la beauté de son visage faisait écran à la lecture de ses poèmes. Pour certains, en Bretagne, il était le barde. Et même si ce mot, aux yeux de Xavier, avait un sens, il est à double sens. Le barde parle au nom du peuple, au nom du roi. Le poète, lui, parle en son propre nom qui, dans le meilleur des cas, est le nom de tous. Le chanteur Glenmor, son ami, était un barde. Près de quatre mille personnes étaient venues de toute la Bretagne le confirmer lors de son enterrement à Maël-Carhaix. Xavier était un poète. Un homme qui fait ce qu'il peut avec ses mots et dont les meilleurs textes sont ceux qu'il découvre en écrivant, même si, comme pour son ami, beaucoup de Bretons se retrouvaient dans ses pauvres paroles. Elles nous racontent encore aujourd'hui, jusque dans nos folies les plus singulières.

Il était aussi un poète français, ne serait-ce que par sa langue. Un petit frère de Villon, de Verlaine dont il se moqua dans sa *Marche au soleil*, son ouvrage sur Rimbaud. Le poète qui le fascina le plus, l'homme aux semelles de vent confronté à l'homme immobile que Xavier était devenu à la fin de sa vie. Un poète hors les vers enfin, lorsque dans ses billets, petits bijoux de prose, il parlait de tout et de rien, de tout dans le rien. En souriant.

À l'heure où j'écris ces lignes il fait beau sur la Bretagne et par le bleu du ciel, je me demande quelles sont les couleurs de ses poèmes. Il y neige parfois, il y pleut souvent. Il y vente toujours. Mais en arrière-plan, le soleil brille jaune comme les blés que Van Gogh faucha avec ses yeux, le dernier jour de sa vie. Jaune, comme la boule de feu à l'horizon du désert dont il rêvait chaque automne, malgré la guerre d'Algérie qui mit à mal sa vision d'une France des Droits de l'Homme. Il en revint plus breton et blessé que jamais. Il fut l'un des premiers journalistes à dénoncer la torture infligée par l'armée française aux fellaghas, infligée en même temps à ses propres soldats dont les vies allaient en être à jamais bouleversées.

Quel temps fait-il dans ses poèmes ? L'imparfait si bien nommé au point de s'y installer dans *Genèse*, son œuvre inachevée :

Il y avait la Terre
Il y avait les Océans
Il y avait les Mers

Il y avait les beaux oiseaux de la mer
Il y avait les mouettes rieuses
Il y avait les goélands cendrés
Il y avait les sternes
Il y avait les beaux oiseaux de la mer
[…]

Mais un imparfait de contes de fées qui brise les murs du temps. Le futur, parfois, quand il s'agit de la Bretagne dont il nous dit sans cesse qu'elle est à faire et refaire jusqu'à toucher de ses vagues le bord de ses songes :

[…]
Nous te ferons Bretagne
Avec des mots drus comme les grêles
avec des mots tranchants comme les faux
[…]

Le présent, mais comme en nostalgie d'une île qui s'échappe du bout de sa brume juste au moment où elle s'aperçoit. Le présent qu'il saute à la manière d'un enfant traversant les flaques d'eau au retour de l'école. Peut-être craignait-il que ce temps l'entraîne vers la vie comme elle est ? Pourtant ne dit-il pas dans un vers : « Et la vraie vie était présente… » Ce vers m'a surpris et rassuré. Bien fait pour Rimbaud !

Quelle langue fait-il dans ses poèmes ? La langue française, bien sûr, mais aussi l'anglais, par bribes, en écho à Kerouac. Xavier fit cogner son nom plusieurs fois à la porte de ses pages tels une corne de brume ou le sifflet d'un train. La musique du clochard céleste résonnait dans son crâne avec celles d'Armand Robin, de Max Jacob, de Georges Perros, de l'exilé Charles d'Orléans, du voyelleux Verlaine et des deux Arthur, le roi et le poète, à jamais vivants. Xavier ne s'appelait-il pas Grall. Et si l'on frotte son prénom contre son nom, on entend comme un bruit de gravier sous nos semelles. Il annonce le LA du voyage. Immobile ou pas.

La langue bretonne enfin, la langue de ses ancêtres. Il l'ignorait. Mais en poète, en musicien, il en aimait les cantiques. C'est en musicien qu'il tournait autour des sons de l'autre langue de son pays comme un danseur autour du tambour. Il la faisait jouer contre les pierres des maisons, des demeures, écrirait-il à ma place, des chapelles, les petites maisons de Dieu. Les chapelles, les calvaires racontent la Bretagne mieux qu'un livre d'histoire :

Cyprès de granit vertical calvaire
hoirie de nos pères buveurs et priants
je dépose à tes pieds ma soif et ma peine
Sacre de ton signe le vagabond éreinté
l'oiseau malheureux
et l'épagneul battu gisant
Élève l'âme des champs et des chênes
jusqu'au doux paradis des peuples
et des reines

Dans les saisons qui meurent
je monte à Nizon et j'espère

Dans l'œuvre de Xavier Grall, Merlin n'est jamais loin de Jésus, la Cornouaille de la Galilée. Les deux L de Galilée bruissent dans les marges de son avant-dernier chant comme les ailes du papillon le jour de sa chenille ainsi que tremblent les vagues de Tibériade, le lac aux yeux bleus. Dans ses livres, l'Isole, l'Ellé, l'Aven s'y jetteraient si, à défaut de l'histoire, la géographie le permettait. Les voyelles des trois rivières rouleraient jusqu'au lac miraculeux car « les légendes, affirmait-il, sont ma vérité ».

Je me souviens qu'il fallait passer par le café de l'Enfer pour se rendre à Bossulan. Je ne sais pas si ce lieu existe encore, mais je vois toujours briller au bout de mes phares, la nuit, ses lettres rouges sur façade blanche. Entre le Grall et l'enfer, il y a de quoi pour un poète. Nous sommes habités par des noms, par des phrases. Elles nous restent au fond de la gorge tant qu'elles ne sont pas écrites. Xavier vivait entre son nom et ce café planté au bord d'un paysage que des routes de plus en plus rapides creusent à même les collines. Au comptoir, les hommes se débarrassent de leurs histoires entre deux copains. L'homme Xavier partageait le vin. Le poète Grall écoutait ces piliers de bistrot, leur donnait rang dans ses pages. Même aux déments à qui il aurait offert, justement, le Graal et la coupe de vin étoilé. Les déments dont il disait qu'ils étaient des fils de rien. De rois…

[…]
Par les chemins noirs
De l'Arrée
Où vont-ils les déments
À quel orme
Pour quel suicide ?

Seuls ils rient tels des idiots
Des choses de la vie et des grimaces de la mort
Et l'aube bondissante les trouve ainsi
Affalés dans leur fêlure mentale
La soif des gnôles meurtrières et flamboyantes
Reprend alors leur esprit solitaire
Et c'est en titubant
À Botmeur Commana et Brasparts
Qu'ils arpentent les chemins du néant
Face à la haine des pierres et au cynisme des ifs
Nos déments, nos semblables, nos frères…

La veille de l'enterrement de Xavier, il neigeait sur la Bretagne. Il me fallut un jour entier pour la traverser. Ses obsèques furent célébrées dans l'église de Nizon, près de sa demeure de Bossulan. L'inhumation aurait lieu dans le pays de ses parents, à Landivisiau. Au milieu de la route du nord, nous fûmes doublés par le corbillard. Il roulait, si je puis l'écrire ici, à tombeau ouvert et le conteur Patrick Ewen qui conduisait notre fourgon Volkswagen dit à la cantonade : « Vous allez voir, c'est Xavier qui conduit ! »

Plus tard, au cimetière, l'un d'entre nous, le chanteur Manu Lann Huel, aux longs cheveux noirs d'époque et aux yeux bleus de toujours, était en couleur. En rouge. On aurait dit un diable sortant de sa boîte. Il lui manquait juste la fourche comme, au moment de la descente du corps de Xavier dans le caveau, il manquerait une scie. La bière était trop grande pour la place réservée du fils auprès de ses parents.

Il fallut scier l'extrémité de son cercueil pour que le poète rentre enfin dans son éternité. Le lendemain de l'enterrement, Françoise, sa *femme française*, me dira : « Ça ne m'étonne pas de Xavier, il n'entrait pas dans les cases. »

17

À la lisière des trois pays et des deux mondes

Celui qui a traversé les monts d'Arrée sait qu'il ne traverse pas seulement un plan, mais aussi une verticale, une échelle de Jacob, qui lui donnerait à monter au ciel. Au ciel, d'où viennent la lumière et son ombre, la joie et sa peur, l'éternité et l'éphémère d'un nuage que déchire, parfois, le mont Saint-Michel de Brasparts.

Ici ce ne sont pas des arbres, mais les piliers du temple ; des roches, mais les chutes d'un monde perdu ; des horizons qui s'éloignent, mais les secrets qui s'approchent tel le visage à travers le vitrail.

Ici la nuit ne tombe pas. Elle se dissout dans la journée qui se dissout dans la lune. Ici nous sommes dans la montagne, comme dit le conteur Patrick Ewen. Il a raison. C'est bien une montagne qui nous fait face, car elle s'éloigne quand nous l'approchons. Ce n'est pas la hauteur réelle qui compte, c'est la hauteur de vue.

De lumière, rose et bleue, quand les yeux vont vers le ciel ; ocre et verte quand ils vont vers la terre. Ici le ciel commence quand l'arbre s'achève.

Ce matin-là, je ne pouvais pas écrire ; juste lire quelques poèmes qui donneraient du goût à la journée, avec presque pas de mots, presque pas de bruits. Ce matin-là, je souhaitais m'exiler dans les monts d'Arrée, à la lisière des trois pays et des deux mondes, dans ce lieu que je connaissais mal, faute de l'avoir découvert à pied.

Il y avait là-bas Patrick Ewen, il y avait là-bas deux yeux vastes et clairs, une barbe qui longe le temps, évoque la fidélité et, étrangement, la surprise. Les visiter, c'est être remercié d'être vivant. Nous avancerions l'un vers l'autre, puis l'un avec l'autre, puis côte à côte dans les chemins creux ; dans les flaques où se rejoignent les branches et les nuages.

Le temps était doux malgré l'hiver. L'espace s'ouvrait sur la lande, sur le schiste, sur la brise qui rase les joues. Les pas s'enfonçaient dans la bruyère. Les jambes devaient remonter à hauteur de genoux, et les quatre points cardinaux repoussaient l'horizon malgré les lignes électriques.

Patrick me promit une cabane d'ardoisiers. Les hommes y travaillaient, avec leurs mains, du matin jusqu'au soir qui les ramenait, à pied, à la maison. Ils suivaient les ruisseaux dont l'eau était bonne à boire.

Il est bon de se souvenir, de temps en temps, de ce temps-là dont témoignent les toits lourds et gris, légèrement teintés de bleu, comme s'ils voulaient garder le peu de bleu que le ciel leur a donné.

Pennkêriou koz an douarou glaz,
Taouarh, lann-gouez ha brug,
Ar greun a vreign, ar gwez a varv.
Vieux villages des terres bleues,
Tourbe, lande et bruyère,
Le grain pourrit, les arbres meurent.

Vieux villages des hauts déserts,
Traversés du galop poussif d'un cheval
Qui prend peur au bruit des ardoises
Glissant des toits fourbus,
L'espoir a fui sans laisser d'ombre.

Vieux villages largués par les chemins de terre
Dont le fil s'est cassé,
Dont le fil se défait dans la boue et l'ortie
Et la vesce et l'euphorbe et la ronce
Qui trompent le facteur trois fois l'an :
Quelqu'un écrit qu'il ne vient pas.

Vieux villages hantés de vieilles gens
Qui n'ont plus de dents pour siffler,
Plus de sourires pour les aubes ou les enfants,
(Avais-je donc si peu de fils, commère,
Qu'il ne m'en reste pas un seul!)
Plus de géranium aux fenêtres,
Plus de calendrier au mur
Avec les lettres rouges des dimanches
Où l'on revêt de grands habits

Pour aller voir de près les cloches,
L'oreille est sourde et feu le cœur.

Vieux villages plantés dans l'infertile,
Pavés d'agate ou d'améthyste,
Durcis de sueur et de pain noir,
Vêtus de roseaux et de chanvre,
Réchauffés de tourbe et d'enfantements,
(Défrichez donc, bonhomme !)
Vous avez levé la marre et la houe
Contre les ajoncs qui mordaient vos seuils.
Vous voilà conquérant des chapeaux de velours,
Des coiffes de dentelles,
Des toits de pierre bleue.
Votre corps s'est nourri de viandes fraîches,
De lits cloutés, d'armoires d'if
Et de suspensions à pétrole.
Mais le fruit de vos entrailles s'en allait
Par terre et mer, au moteur la machine,
Et Brest et Nantes, cinéma,
Et Paris et les Pays noirs, à tire-d'aile,
Vers d'autres champs inconnus de vous
Qui n'avez cure que des vôtres.
Quand vous avez frotté vos yeux,
Les vagues de l'ajonc refluaient sur vos ruines.

Pennkêriou koz, diskennit barz an douari
Hoh amzer a zo tremen.
Vieux villages, descendez en terre !
Vos temps sont révolus.

Ce poème de Per-Jakez Hélias, qu'il a d'abord écrit en breton, a pour titre *L'Abandon*. Il fut écrit dans les années soixante et fut dit par Patrick Ewen lors des obsèques de l'auteur du *Cheval d'orgueil* en juillet 1995. Ce poème, je l'ai appris par cœur comme si je ne voulais pas oublier ceux qui ne doivent pas être oubliés par l'histoire souvent tragique de notre pays. Ce sont les migrants d'hier. Bien sûr, ils ne mouraient pas dans les eaux chaudes de la Méditerranée, mais ils furent abandonnés, parfois, dans *les eaux glacées du calcul égoïste*.

18

Teuf teuf teuf

Il faut être exemplaire
en VSP

dit Alexis
en alignant sa vitesse sur les panneaux

un peu de normalité
rassure les VSP

72,5
73
73,5
74 km/h

je n'ai jamais atteint le 75
dit Alexis
en appuyant à fond au fond de la VSP

juste à l'instant
où l'on se fait doubler

et redoubler

Ce serait bien
si on pouvait doubler

une voiture
une seule

avant la fin de la journée

une collègue
ou une voiture en panne

Fin de limitation de vitesse

c'est fini l'égalité
la fraternité

reste la liberté
… des autres

Pied au plancher
peur au ventre

mais toujours suivis

hâte d'être doublés
et qu'on en finisse

le nez au ras de la côte
à s'excuser d'être encore là

De temps en temps

les panneaux et nous
sommes d'accord

Je n'ai jamais autant vécu
dans un rétroviseur

le moindre clignotant
on tremble

Pour éviter la tendinite du pied droit

parfois

on conduit du pied gauche

teuf teuf teuf
toc toc toc
???
teuf teuf teuf
...

Un vélo frôlant l'arrêt
enfin on va pouvoir doubler

peut-être un mari amoureux
qui attend

et sa moustache qu'on frôle

beaucoup de vert
couché sous beaucoup de bleu

reliés par des arbres
couleur de terre tendue vers le ciel

on est si proche l'un de l'autre
en VSP

qu'il faut vivre avec
l'un et l'autre

j'avais oublié
à quel point monte une côte

pied au plancher
un nom un seul remonte aux lèvres

Fangio

qui a commencé

le village ou le clocher ?

garde alternée…
tu es d'accord pour garder ma poule la semaine prochaine ?

ta poule à plumes ?

si clairs sont les bouleaux
qu'on dirait des cierges allumés par le ciel

un arbre à choucas
couvert de cris

noirs

comme seraient ses feuilles
à contre-jour

dans la forêt de Quénécan
des châteaux en ruines

je les cherche
avec mes yeux

les trouve
avec mes pensées

séparée de ses feuilles
par l'hiver

la forêt est seule

entre son bruit et sa vitesse

il y a un problème d'équilibre
chez la VSP

même à l'arrêt
on ne double pas un tracteur

on le longe

le silence fait plus de bruit
que le bruit

quand s'arrête la VSP

silence
ce mot long et lent

et qui s'étend à perte d'oreille

entre l'hier et l'aujourd'hui
surgit l'abbaye de Bon-Repos

avec beaucoup d'hier
dans l'aujourd'hui

à Bon-Repos
le canal de Nantes à Brest passe sous le pont
aux quatre arches

en baissant la tête
en débordant de nos yeux

par le vent
on dirait des vagues

par les vagues
on dirait la mer

le lac de Guerlédan

l'hiver
nous enserre

entre le froid vif
et les arbres morts

au bord du lac

je me souviens
d'avoir marché au fond du lac

au bord des vies
disparues

sous le lac

il y avait

encore des maisons
mais vides

encore des arbres
mais morts

il y avait la présence parfaite
de vies passées à l'imparfait

après le lac

Tracteur allumé
sous la lune allumée

qui éclaire qui ?

On tombe sur la grande route

comme le ruisseau
sur la rivière

la rivière
sur son fleuve

à quand la mer
à quand la maison ?

19

La Belle Époque

On se sent bien dans ce bistrot épicerie. On se sent comme chez soi, mais pas trop. On peut y lire le journal du jour et celui de la semaine, *Le Pontivy journal*. À propos de Pontivy, justement, j'en ai appris de belles en discutant avec Serge, le maire de Silfiac, pour encore quelques jours, après plus de trente ans de bons et loyaux services rendus à cette petite commune du Centre-Bretagne.

Il y avait, il y a longtemps, très longtemps dans le pays de Silfiac, qui n'existait pas encore, des hommes qui avaient érigé un tumulus de terre et de pierres pour honorer leurs morts. Planté dans le sol jusqu'à la fin des temps. Eh bien, non ! Un « plus ou moins archéologue » de Pontivy (*dixit* Serge) se prit de démonter pierre par pierre le tumulus, fixé là depuis toujours et pour toujours, de le voler en quelque sorte, pour le replanter, pierre après pierre, dans un jardin public de Pontivy. C'est du hors-sol ! dit Serge, en buvant sa tasse de café. En tant que maire, il essaie, depuis un certain temps, de rapatrier le tumulus chez lui, dans sa terre natale, à Silfiac.

Mais il ne fait pas que cela !

Il fut d'abord un enfant dont les parents étaient pauvres et égarés dans des vies difficiles. Elles boitaient entre verres et boîtes de médicaments. Ce fut son grand-père qui lui fit pousser la vie dans la tête. Son grand-père savait tout faire de ses mains, en plus de cultiver la terre. Il avait confectionné pour lui et son petit-fils un jeu de dames qu'ils partageraient le soir, à la veillée où Serge était entouré de deux langues qui résonnaient dans la cuisine et le jardin, le breton et le français. Serge est nostalgique d'une enfance éternelle. Il ne veut pas la jeter aux orties. Comme Aymeric, au beau prénom de chevalier, il n'était pas un bon élève jusqu'à ce qu'il découvre ses maîtres, par le chant, la danse, la musique et par la langue bretonne dans les années 1970, les années de renaissance. Les années qui furent célébrées à l'enterrement de Yann-Fañch Kemener. Serge y était. Il connaissait le chanteur et le passeur. Ils sont du même pays, du même milieu, le pays Pourlet et ses environs où repose Yann-Fañch, dans son petit cimetière carré entouré d'arbres, de collines, de nuages et de ciel qui navigue entre le blanc, le gris, le noir et le bleu. Sur sa tombe, où est gravée en lettres de bronze et en breton cette parole, « j'ai si bien chanté la nuit que le jour », quelqu'un a déposé, entouré d'une pochette plastique et en hommage, *Le Cheval couché*, un livre de Xavier Grall. Serge et Yann-Fañch se sont très tôt rencontrés sur les routes de la cueillette des chants et des poèmes. Sa « Filomena » s'appelait Marie Harnay. Elle était fille de sabotier, fille d'un savoir-faire, fille d'un détenteur de secrets. Elle connaissait une centaine de chansons, autant de contes et de dictons qu'elle chantait et racontait lors des repas de mariage où elle était embauchée pour servir les corps et les âmes.

Elle pouvait aussi prédire le temps qu'il ferait. Serge et Marie ont participé à un disque édité chez Ocora, avec un prix Charles-Cros à la clef. C'est dire si, en ce temps-là, les mondes du haut et du bas, de l'est et de l'ouest, jeunes et vieux, se rencontraient.

Du monde associatif, il est passé au monde politique, au monde qui devrait joindre les deux bouts de notre humanité, le chant et les champs.

Ils sont moins de cinq cents habitants à Silfiac. C'est peu et c'est beaucoup, ce sont cinq cents vies qui ont envie de vivre et travailler au pays, comme on disait autrefois. Autrefois, c'est-à-dire il y a à peine cinquante ans et tant de choses gagnées et perdues depuis. De sa vie de danseur, de chanteur et de musicien, il a appris la mesure du temps qu'il faut pour traverser les routes, les chemins, les rivières et les ruisseaux, jusqu'à initier la première équipe de « foot en marchant », où courir après le ballon est une faute. Serge refuse l'accélération brutale de la vie d'aujourd'hui, comme le font d'autres maires dans d'autres bourgs du Centre-Bretagne où, parfois, commander un verre au comptoir prend effectivement beaucoup de temps, au point de, parfois, s'énerver. Mais, c'est bon pour le rythme cardiaque, ce temps pris à prendre son temps. À contempler, comme les vaches, les prés et les bois alentour, au bord des rivières et sous les nuages. Serge n'est pas un intégriste, ni de la culture bretonne, ni de l'écologie, même s'il fut l'un des premiers maires de France à créer un écovillage dans son village. Des maisons en bois, peut-être trop proches les unes des autres, mais pariant sur l'avenir de la planète qui passe aussi par Silfiac. Fils de la campagne, il a de la tendresse et du respect pour le métier, difficile, de paysan, de petit paysan, plus proche des agriculteurs paysans que des productivistes. Ceux-ci furent ses seuls adversaires politiques. Ceux-ci n'ont pas fait le poids devant celui qui a su joindre les deux bouts des hommes, des femmes et des enfants de sa commune. Des anciens et des nouveaux, même des Anglais, et pour lesquels il a, avec son conseil municipal, réussi à sauver une école à trois classes et à maintenir ouverte une épicerie-café tenue pas un jeune couple venu de la montagne, pas la Noire, non, « la vraie », celle de Haute-Savoie, cette épicerie-café d'où je vous parle et qui porte le nom talismanique de La Belle Époque.

Entre aider à remplir un dossier de retraite, rendre vie au village mais ne rien pouvoir faire pour soulager la misère de certaines personnes trop enfoncées dans le malheur, jusqu'à annoncer la mort d'un enfant, la pire chose qui soit au monde, à en pleurer à l'infini, Serge a parcouru et traversé les ponts qui jalonnent la vie, les vies magnifiques et douloureuses du Centre-Bretagne, ce pays dans le pays.

Aujourd'hui, il ne se représente plus. Aujourd'hui, il laisse l'hier derrière lui, heureux de l'hier et joyeux, par avance, du demain où il va aider, deux jours par semaine, son fils paysan et apprendre l'espagnol pour rejoindre son autre fils au Mexique.

Puis, peut-être, reprendre l'écriture de son premier poème au dernier vers où il l'a laissé.

20

Les douze mots d'Alexis

Amour

Blues

Comme

Érablière

Harfang

Lisière

Ours

Rêve

Roseau

Soudain

Tristesse

Nord

Ce qu'il en fait dans ses livres

Perdu dans le kaolin de l'**amour** et la lueur
des yeux, je m'épands dans la douceur.

Le **blues** mesure la tragédie par la distance, atténue
la rupture par l'ironie.

Le « **comme** » avoue la difficulté de voir,
la myopie de l'oreille, la nécessité d'opérer
par hypothèse jusqu'à être sûr.

Les heures sont des îles reportées sur la mer, lumières
nées de la mise en perce des nuages, sèves tirées de
l'**érablière** des jours.

Le **harfang**, qui tourne en tous sens son regard brûlé
de Bouddha incolore, ne fait pas attention
aux mouvements qui l'ignorent.

On peut souffrir à la **lisière** des choses : si proches et
pourtant intouchables.

Traverser un paysage dans l'éventualité des **ours**, c'est vivre en soi réveillée la primitive appréhension du monde.

Les **rêves** se constituent parfois en gravier où vient se prendre le frai des truites et des saumons.

Le **roseau** permit aux berceaux d'être barques, réalisant la parenté de ces objets, et, sous forme de papyrus, aida l'homme à connaître, lui permit de transmettre.

La poésie, c'est l'irruption du **soudain**, d'un aspect qui frappe comme en première fois à travers les fissures du langage.

La **tristesse** est le luxe de ceux qui sont en vie et c'est une pente que je ne peux m'empêcher d'éprouver.

Un jour, ces lueurs du **Nord**, nous ne les verrons plus et saurons ne pas les avoir assez goûtées.

Ce que j'en ai fait dans les miens

Nous hurlerons **amour,** amour ! / Comme ils crièrent terre, terre !

À quoi sert un artiste ? Que seraient la Bretagne si elle n'était dansée, les Caraïbes si elles n'étaient racontées, l'Algérie si elle n'était chantée, l'esclavage s'il n'y avait eu le **blues** ? Ne resterait que l'esclavage !

En somme / tu es un peu / **comme** un fils

....

....

À la **lisière** tu viendras / parmi les bêtes sauvages / qui portent l'aube dans leurs yeux

J'évitais de mettre le carrosse avant les bœufs,
de vendre la peau de l'**ours** avant de l'étaler

Et je dormais cœur contre **rêve** / Voici mon collier
et voilà ton cou

Le busard des **roseaux** / à la lumière du soir /
donne au bleu / tout son ciel

Soudain l'églantine / c'est elle / qui m'a vu le premier

Hier je suis allé sur le marché de Lannion /
les gens sont **tristes** hein

Vers le **Nord** / au pays des couleurs bleues /
où la neige est blanche

21

À neuf kilomètres de la première baguette

À cette heure
en ce jour
en cette année

je suis au bon endroit
sur la terre

au pied du ciel
partagé en rose bleu et noir

le noir des arbres
qui le traverse de bas en haut

si loin
mais si près en pensée

de ceux qui ne sont pas
comme moi

au bon endroit sur la terre

Le moment est venu de vous confier le secret d'Alexis à propos de son permis de conduire, de le dénoncer en quelque sorte.

Mais auparavant, je voudrais vous raconter notre première rencontre. C'était en 1975, nous étions invités à parler de nos poèmes à Brest. Il y avait, avec nous, des grands noms de la poésie française du XXe siècle, tels que Guillevic, Pierre Seghers, Bernard Noël, Michel Butor, Jean-Claude Renard et Angèle Vannier que j'avais conduite dans ma R6 jusqu'à Brest et qui, bien qu'aveugle, se regardait de temps en temps dans le miroir de courtoisie pour ajuster une mèche de ses cheveux blonds. Il y avait surtout mon *père*, Jean Malrieu. Alexis et moi étions les plus jeunes et les moins connus. Alexis s'était payé le luxe d'avoir un porte-parole qui, sur scène, évoquait son œuvre, les premiers pas, les premières phrases de son œuvre, à sa place. Ce jour-là, en voyant ces deux silhouettes, l'une jouant le rôle de l'autre, je m'étais dit, soit ils sont fous, soit ils ne manquent pas d'air. Je pense, aujourd'hui, qu'Alexis, surtout lui, était fou. Ou timide, absolument timide.

De mon côté, j'étais près de Jean comme un enfant près de son père. Pour économiser sur les frais, nous dormions, Jean et moi, dans la même chambre et même dans le même lit. À cause de cette proximité, Jean n'avait pas fermé l'œil de la nuit et son insomnie me valut, au petit matin, la belle préface de mon deuxième livre, *En espoir de cause*. Durant ces deux jours je découvrais aussi Guillevic et la puissance formidable de ses vers grâce aux explications pratiques de Jean à propos de son poème, *L'Armoire*:

L'armoire était de chêne
Et n'était pas ouverte

Peut-être il en serait tombé des morts
Peut-être il en serait tombé du pain

Beaucoup de morts
Beaucoup de pain

Ce fut quand Jean ouvrit les portes de l'armoire de notre chambre que je compris, d'un seul coup et comme une révélation, le mystère contenu dans son poème. C'était le même mystère, si bien conservé dans l'armoire de mes grands-parents et qui veillait, sombre et haute, dans leur chambre nuptiale. L'armoire ne s'ouvrirait vraiment qu'en grinçant dans le noir de leur dernière nuit et sous la blancheur des draps de deuil posés en pile sur la première étagère. Peut-être, *aussi*, il en serait tombé des morts…

Quant à Alexis, ce jour-là, nous ne nous rencontrâmes pas. Trop différents. Mais je me souviendrais longtemps de lui, écoutant une autre personne parler de lui et près de lui, en des termes assez incompréhensibles.

Quand nous nous revîmes trois ans plus tard, il était professeur de philosophie au lycée de Lannion et nous étions en mai. Il tentait, en même temps que ses élèves de terminale, de passer son permis de conduire. Eux l'ont obtenu. Pas lui. Or les élèves, eux, travaillaient normalement, c'est-à-dire pas beaucoup, me dirait-il, et c'est mon travail pour eux qui m'a coulé. J'étais épuisé par la préparation du bac, un vrai travail de forçat. Du coup, trop fatigué, je conduirais, à petites roues, à petits pas le jour de l'épreuve, à peine 40 km/h. Pas de véritable faute, donc, mais aucune prise de risque aux yeux de l'inspecteur, argumenterait-il, comme pour se défendre devant le tribunal de la postérité. « De toute façon, j'aime les transports en commun et en plus c'est l'avenir ! »

Cet échec l'a vexé durablement. Pour toujours, il refuserait de repasser son permis. Plus tard, ce serait sa femme qui conduirait. Plus tard encore, il vivrait près de vingt ans à Saint-Pierre où les voitures sont moins vitales qu'en Bretagne. D'où, à sa retraite, la nécessité absolue de la VSP.

En 1978, donc, le 15 mai précisément, je l'invitai à partager un repas avec mon amie de l'époque. C'était une femme étrange qui cette nuit-là, alors que nous parlions littérature anglaise du XIXe siècle, se prit d'écouter, et à tue-tête, des chansons de Sardou dont à l'époque je détestais la voix. Plus Alexis parlait, moins je pouvais l'écouter. Finalement mon amie quitta le repas, notre conversation et sa musique pour s'enfoncer dans la folie des bars de Lannion à la recherche d'une autre vie. Las de l'attendre, nous partîmes nous aussi à la recherche de nos vies et ce fut cette quête effrénée qui nous rapprocha tous les deux, plus que nos lectures partagées. Au petit matin, nous étions tous les deux dans un état proche de celui des héros des romans noirs américains que nous aimions Alexis et moi, *Adieu, ma jolie* – on comprend pourquoi – et *Le Grand Sommeil* – on comprend aussi pourquoi – du grand Raymond Chandler. Sans oublier, pour ce qui me concerne, *Eva* de James Hadley Chase. Eva ressemblait beaucoup à mon amie et moi je ressemblais à celui qui aimait Eva et qu'Eva n'aimait pas.

Les années passèrent. Alexis s'en alla vivre pour vingt ans à Saint-Pierre où il m'invita en 2010 à le rejoindre pour un mois. Il vivait seul – sa femme était revenue en Bretagne – dans une jolie maison de bois jaune et blanc dont les fenêtres de la cuisine donnaient sur Terre-Neuve. Je venais de traverser l'Atlantique, le Québec et à nouveau un peu d'Atlantique, en pensant dans l'avion au bon repas que nous allions partager une fois débarqués sur l'île mystérieuse qui borde Terre-Neuve et se souvient de la chasse à la baleine et à la morue. Je me voyais déjà au chevet d'une soupe de poissons avec ses morceaux entiers et d'un bon verre de vin blanc. Las, ce furent des nouilles et non des pâtes, collées les unes aux autres comme celles de mes années de pension, froides et accompagnées d'un jambon phosphaté. « Stop, stop, je dis à Alexis, si tu veux bien, je ferai la cuisine et en échange tu repasseras mon linge. »

Aussitôt dit, aussitôt fait et notre couple ainsi formé dura, dans la paix insondable des bons ménages, un mois. Un mois, où, ainsi qu'il me le dirait plus tard, je vécus, comme lui, au-dessus des arbres. À cause du climat, les arbres de Saint-Pierre rampent sur le sol. Un climat qui change de climat trois à quatre fois par jour. On peut se lever sous le ciel le plus pur, le plus bleu, aborder midi sur la neige et se perdre le soir dans une tempête de brume où l'on ne voit pas sa main qui chercherait le nord. Minuscules, les arbres, au lieu de grandir vers le ciel, se répandent sur la terre qu'ils envahissent. C'est pour cette belle et noble raison qu'Alexis, pour son retour au pays natal, désira, et jusqu'à la fin de sa vie, vivre, non plus au-dessus des arbres, comme il le répète en souriant, mais sous les arbres. Au cœur du cœur de la Bretagne centrale.

Des battements de lumière m'atteignent aux yeux. Des fragments de sécheresse me soulagent à nouveau. Moi qui rampais dans l'herbe, allais meurtri par la pluie. Moi dont le corps se couvrait d'une poussière de feuilles et qui portais l'humus en seconde nature.

Je sors du sol comme d'une mer primitive.

Au clair des prairies, les plantes se concurrencent. Elles se bousculent, piquent une broderie sans couture, brouillent tout accès aux racines. Alors qu'ici, l'ombre sous la sylve fait voir une attache à la terre. Les ronces éclosent comme un cri de buse dans l'averse. Rares, elles se déclarent en ascension. Acérées, elles tournent la mort des feuilles en nourriture.

On peut exorciser ce qui dévore et l'inverser en maîtrise de la faim. Malgré le sang sur les pieds, on peut vivre au sortir d'une douleur, d'un danger, d'un constat de mortalité.

Le vent lève l'homme hors de la terre. Il prend dans notre verticalité comme dans une voile. Il nous étaie en hauteur alors que l'animal, en lanière, suit les méandres des odeurs et, comme un double, continue à courir entre les herbes. Il est la part de nous qui nous échappe, que la vie aspire de notre âme comme une hémorragie. Le saut linéaire de la grenouille indique un orient qu'il est vital d'apprendre à lire.

Alexis, sur la terre de ses mots, écrit autant avec ses yeux qu'avec ses mains. Je l'ai vu regarder une bête et j'ai vu la bête céder au trop de ses regards. Quand il regarde, il est ce qu'il regarde. Comme dans les encres chinoises, il fait partie du paysage, ni plus ni moins. À ses yeux et au bout de ses pas, tout le monde vaut quelque chose. L'insecte et le renard, le lion et le vermisseau, le regardeur et le regardé. Le contemplateur et le contemplé. On voit, sur la terre de ses mots, ses yeux grimper au ciel, s'étendre sur les champs, sans oublier, sans négliger personne. On voit ses connaissances suivre, main dans la main, ses sentiments pour la plus petite des plus petites créatures, à deux, à quatre ou à mille pattes.

En juillet, par les jardins perdus, les orties lâchent des bouffées de pollen dans le courant solaire. La rosée blanchit les aiguilles de mélèzes et alourdit les toiles d'araignées.

Au bout des rameaux d'érables et de chênes, au-delà des frondaisons ordinaires, on note les transparences de feuilles qui les prolongent comme en printemps au cœur de l'été. De même, la nuit, les plantes tendent inutilement leurs tiges en savoir du jour à venir. Et j'essuie le devoir de continuer à faire effort vers la vie.

Dehors, les ramiers ressassent leurs mélopées. Ils se répartissent l'espace qu'ils jalonnent de syllabes monotones, mais singulières comme chaque fin de jour. J'entends alentour les rumeurs des fermes, plus sérieuses que mes moissons d'oisiveté. Les mots ne sont que les goutte-à-goutte de ces sons qui nous échappent et que nous échouerions à noter s'ils ne venaient filtrer dans les citernes du langage. Et il y a cette césure qui fait que les bruits muent avec la nuit. Leur inversion sonne l'heure et marque les années.

Un jour j'aurai le tranchant de ces feuilles qui, depuis l'ombre, tendent leur profil vers la lumière. J'aurai le suspens d'une mouche surprise dans la toile d'une araignée disparue. Ma vie sera segmentée comme la souplesse du foin, mes yeux auront la maigreur des premiers lendemains. Des indications naîtront de ces incises de jour sous le toit de la grange. Des mélodies viendront de la brusque rupture de souffle de la forêt alentour. La vie se justifiera comme ces clous inexpliqués dans la poutre. Et les auréoles dans le bois nous révéleront l'histoire.

Sur la terre de ses mots, ici est différent de là-bas, par le regard qui nomme et chante et nous dit de laisser venir à nous chaque miette de la création, comme au premier temps de la création quand le créateur nous donnait les sept premiers jours de notre vie, infiniment renouvelés depuis. Alexis était là, ce jour-là, au jour du premier jour quand les oiseaux portaient pour la première fois leur nom en bandoulière. Il les connaît par leurs noms scientifiques, mais aussi poétiques, tant ils donnent à voir de les écouter. En pratiquant ainsi, par l'observation, l'érudition puis l'émotion, c'est-à-dire par la joie de faire partie de ce tout avec des ailes, avec des pattes, en pratiquant ainsi sa vie, il donne aux autres la vie. Dans son commencement infini, infini repris chaque jour, chaque nuit et qui pourrait un jour, une nuit, s'interrompre et interrompre alors le chant du monde. Il regarde, il raconte et s'étonne encore et toujours de ce monde qui va et vient et va, du fond de son âme, jusqu'à la frontière de ses yeux.

Je le connais de bas en haut, de long en large, son pays de collines, de bois et de rivières, si sombre en automne sous les mois noirs quand la pluie n'en finit pas de tomber. La pluie est à la Bretagne ce que la neige est à la Russie jusque dans les poèmes de Pasternak, la neige dont le poète ne pouvait se passer, comme nous de la pluie, après seulement quelques jours de soleil. Peut-être faut-il être né dans le Kreiz Breizh pour y vivre ou, comme Alexis, y chercher la profondeur du ciel en passant par les arbres qui y grimpent, en marron et vert. Il fait sombre autour de sa maison en hiver. Il fait sombre dans sa maison en hiver. Il fait clair dans ses yeux en hiver. Sa maison, sa demeure, ce mot convient mieux pour raconter le lieu où il vit depuis son retour de l'île, sa demeure est bâtie en pierre de taille, de granit. Elle durera aussi longtemps que le pays dans lequel elle s'est plantée. Autour, des arbres et des arbres immenses et vieux et des champs et des bois. Puis une route qui n'en finit pas jusqu'au premier café. Si vous avez oublié votre pain du petit-déjeuner ou votre plaquette de beurre, il vous faut prendre la VSP et aller jusqu'à Guémené, à 9 km, sur des routes longues, lentes et parfois grises. Le pays est beau, comme sont beaux les poèmes des grands poètes russes ou bretons. Il y a quelque chose de slave dans cette Bretagne centrale, dans ces chemins qui courent sous le ciel et sous les dieux. Il est bon que certains y vivent pour raconter un autre monde dans le monde. Il est bon de visiter Alexis dans son refuge où il écrit jour après jour ses phrases qui regardent la nature dans les yeux, dont les grenouilles rousses qui, à force d'être observées si longuement, finissent par claquer la porte du paysage.

Avec sa VSP qui veille dans le garage, il connaît les routes bretonnes comme sa poche, car il les connaît lentement. À la vitesse de sa VSP. Puis à la vitesse de l'attente du car à Pontivy, puis à celle du car qui va rejoindre la gare de Saint-Brieuc pour aller à Paris, à Lannion ou de l'autre côté du monde. S'il me faut deux heures, en 208, pour me rendre chez lui, il lui faut une journée pour venir chez moi. Pour moi c'est une balade, pour lui c'est un voyage. Avec dans son sac le temps de lire et de regarder par la fenêtre les paysages et les visages défiler sous ses yeux.

Bien qu'aujourd'hui il vive au bout du bout du centre de la Bretagne, Alexis est autant un homme de la ville que de la campagne. Il a parcouru les grandes capitales américaines de New York à Los Angeles jusqu'à Toronto, les Veuves de verre, ainsi qu'il les a baptisées, si hautes dans le ciel étoilé. Il a écumé les bars à l'écoute de musiques qui racontent le peuple américain. Une musique qu'il m'a fait goûter, comme on trempe ses lèvres dans un vin inconnu. Il les connaît sur le bout de ses oreilles. De la country, mais de la country rebelle. Il renifle le monde du rock aussi bien que les présocratiques grecs. On voit dans ses mots, dans ses histoires, passer, se côtoyer Lou Reed, Parménide, Démocrite, Leonard Cohen, Iggy Pop, Héraclite, qui « ne se baigna jamais deux fois dans la même eau », et Empédocle qui se suicida en se jetant dans l'Etna, espérant ainsi se mélanger au feu. Il en parle comme s'il les avait rencontrés la semaine dernière, bien qu'ils aient vécu au cinquième siècle avant Jésus-Christ. J'aime aussi sa façon de lire, d'écouter ou de regarder des films, américains pour la plupart. De science-fiction parfois et des westerns souvent. C'est ainsi que l'on échange nos lectures, le soir pendant le repas, le jour dans la VSP. Quand il évoque l'un de ces livres, *Dracula* de Bram Stoker, je lui renvoie un passage de *Frankenstein* que j'ai lu trois fois. Je connaissais le poète Shelley, je ne connaissais pas sa femme Mary, l'auteure de ce chef-d'œuvre, l'un des plus beaux livres que j'ai pu ouvrir, comme on ouvre la porte d'un secret de famille, sur l'abandon, la trahison de la créature par son créateur. Puis on échangera, jusqu'au bout de la nuit, jusqu'au bout du voyage autour du roman de Malcom Lowry, *Au-dessous du volcan* et des poèmes de Dylan Thomas, ce génie mort à New York d'épuisement et d'alcool à trente-neuf ans. Et enfin on finira, au petit matin, par deux livres qui lui sont chers, *Un cœur simple* de Flaubert, le plus doux des contes du misanthrope de Rouen et *Les Travaux et les Jours* d'Hésiode dont le titre résonne alentour, ainsi que l'angélus dans le tableau de Jean-François Millet.

Voilà, comme dit souvent Alexis à la fin de ses phrases. Vois là des livres, des paysages à mettre sous tous les yeux et qui disent l'harmonie, malgré tout, du monde, de nos mondes lisibles le cœur nu et par notre amitié trimballée, voyagée, partagée en VSP sur les routes de l'Extrême-Occident.

teuf teuf teuf

L'auteur remercie les éditions Alexandrines, Filigranes et Rougerie d'avoir, une première fois, accueilli certains de ces textes, ainsi que Meryem Puill et Janick Le Men pour leur aide précieuse.
L'éditeur et l'auteur remercient Michel Simon, auteur de *Filomena Cadoret, une voix oubliée…* ainsi que le journal *Ouest-France*, pour l'autorisation gracieuse de la reproduction des articles suivants : conduite sous influence, 30 mai 2019, excès de lenteur, 20 mai 2019, la voiturette avait fait 20 km à contresens, 16 octobre 2019 et un poney passager d'une voiture sans permis à La Ciotat, 22 novembre 2019.

Références des citations

De nombreuses citations accompagnent le texte d'Yvon Le Men. Le lecteur les trouvera référencées ci-dessous.

Le crapaud

Tristan Corbière, *Les Amours jaunes*, préface d'Henri Thomas, édition établie par Jean-Louis Lahanne, NRF, Poésie/Gallimard, 1973.

1. La montée vers Sainte-Tréphine

« Mais mourir… »

Guillevic, *Terraqué* suivi de *Exécutoire*, préface de Jacques Borel, NRF, Poésie/Gallimard, 1978.

« Approchez gens curieux… »

Carnets de route de Yann-Fañch Kemener, Skol Vreizh, 1996.

« L'heure est bleue… »

Yann-Fañch Kemener, Aldo Ripoche, *An eur glaz* (L'heure bleue), Siam productions.

« À présent que les feuilles… »
Solo, in *Xavier Grall, Œuvre poétique*, présentée par Mireille Guillemot, Yvon Le Men et Jan Dau Melhau, photographies de Gabriel Quéré, Rougerie, 2010.

2. **Deux andouilles à Guémené**
« La Fontaine qui nous charme… »
Les Incroyables Histoires naturelles de Jean-Henri Fabre, textes choisis et présentés par Yves Chambefort, préface de Christine Rollard, Grund, 2014.

« Au moment où je pousse… »
Frédéric Dard, *Messieurs les hommes*, Fleuve Éditions, 1998.

4. **Au Cul-de-Poule à Pontivy**
« Que sont mes amis devenus »
Rutebeuf, *Œuvres complètes* : Texte établi, traduit, annoté et présenté avec variantes par Michel Zink, « Classiques Garnier », 2 tomes, Bordas, 1989-1990.

8. **La prière d'un touriste**
« La pluie nous a débués… »
In Raymond Jacquenod, *Anthologie de la poésie française*, Maxi-Poche poésie, 2006.

« Je perçus un triste murmure… »
Thomas Hardy, *La Risée du temps*, traduit de l'anglais par Frédéric Jacques Temple, « Orphée », La Différence, 1993.

9. **Quelle vie ont eue nos grands-parents ?**
Quelle vie ont eu nos grands-parents
Jacques Brel, *Œuvre intégrale*, Robert Laffont, 1982.

« j'aime la Bretagne j'y trouve le sauvage… »
in Armelle Fémelat, *Gauguin*, Michel Lafon Beaux Arts éditions, 2017.

10. Filomena Cadoret racontée par ses chants
Michel Simon, *Filomena Cadoret, une voix oubliée…*, Centre généalogique et historique du Poher.

« Toi qui as si bien su chanter »
Frédéric Le Bonhomme, *La Voix de l'Argoat*, Atelier Liv'Éditions 2004.

12. Fenêtre avec vue sur la baie de Morlaix
« Le 20 janvier 1494, Pierre de Médicis… »
Michel Le Bris, in *Il fait un temps de poème*, textes rassemblés et présentés par Yvon Le Men, éditions Filigranes, 1996.

14. Une enfance à l'île de Batz
« Je ne suis pas dans la lune… »
Trio EDF (Ewen, Delahaye, Favennec), *Kan Tri*, Dylie production.

16. Le poète qui habitait son nom
« De votre terre… »
« Cyprès de granit… »
« Par les chemins noirs / De l'Arrée… »
in Xavier Grall, *Œuvre poétique* présentée par Mireille Guillemot, Yvon Le Men et Jan Dau Melhau, photographies de Gabriel Quéré, Rougerie, 2010.

17. **À la lisière des trois pays et des deux mondes**
« Vieux villages »
in *L'Œuvre poétique complète de Pierre Jakez Hélias, D'un autre monde, A - berz eur bed all*, Éditions Ouest-France, 1991.

21. **À neuf kilomètres de la première baguette**
« L'armoire était de chêne… »
Guillevic, *Terraqué* suivi de *Exécutoire*, préface de Jacques Borel, NRF, Poésie/Gallimard, 1978.

« Des battements de lumière… »
« En juillet, par les jardins perdus… »
Alexis Gloaguen, textes inédits.

Du même auteur*

Poésie

La baie vitrée, Éditions Bruno Doucey, coll. « Soleil noir », 2021.

Les mains de ma mère, dessins de Simone Massi, Éditions Bruno Doucey, coll. « Poés'histoires », 2019.

Aux Marches de Bretagne, illustrations Emmanuel Lepage, Éditions Dialogues, 2019.

Un cri fendu en mille, Les continents sont des radeaux perdus, 3, Éditions Bruno Doucey, coll. « Soleil noir », 2018.

Le poids d'un nuage, Les continents sont des radeaux perdus, 2, Éditions Bruno Doucey, coll. « Soleil noir », 2017.

Une île en terre, Les continents sont des radeaux perdus, 1, Éditions Bruno Doucey, coll. « Soleil noir », 2016.

Tirer la langue, La Passe du vent, 2016.

Les Rumeurs de Babel, illustrations Emmanuel Lepage, Éditions Dialogues, 2016.

En fin de droits, illustrations Pef, Éditions Bruno Doucey, coll. « Soleil noir », 2014.

Sous le plafond des phrases, Éditions Bruno Doucey, coll. « Embrasures », 2013.

Il fait un temps de poème (anthologie), photographies Francis Goeller, Filigranes éditions, tome 2, 2013.

Le Jardin des tempêtes : choix de poèmes, 1971-1996, Flammarion, 2000. Réédition, 2012.

Le Point J, illustrations Jeanne Frère, Aedam Musicae, 2011.

À louer chambre vide pour personne seule, Rougerie, 2011.

Le Tour du monde en 80 poèmes (anthologie), Flammarion, 2009.

Vingt ans, La Passe du vent, 2009.

Chambres d'écho, Rougerie, 2008.

Douze Mois et toi, illustrations Edmond Baudoin, Milan jeunesse, 2005.

Le Loup et la Lune, Rougerie, 2001.

L'Écho de la lumière, Rougerie, 1997.

Romans, récits, nouvelles

Existence marginale mais ne trouble pas l'ordre public, Flammarion, 2012.

Si tu me quittes, je m'en vais, Flammarion, 2009.

Besoin de poème, Le Seuil, 2006.

Lannion, photographies Francis Goeller, Apogée, 2005.

Le Château sous le ciel, photographies Yvon Le Marlec, Filigranes éditions, 2005.

Elle était une fois, Flammarion, 2003.

Trégor, photographies Yvon Boëlle, Apogée, 1999.

On est sérieux quand on a dix-sept ans, Flammarion, 1999.

La clef de la chapelle est au café d'en face, Flammarion, 1997.

Le Petit Tailleur de shorts, Flammarion, 1996.

Entretiens

La Langue fraternelle, entretien avec Cypris Kophidès, Diabase, 2013.

À ciel ouvert, entretien avec Jacques Darras, La Passe du vent, 2010.

Toute vie finit dans la nuit, conversation avec Claude Vigée, Parole et Silence, 2007.

* Pour des raisons que le lecteur comprendra, nous limitons sciemment cette bibliographie aux livres d'Yvon Le Men actuellement disponibles.